基督教文化研究丛书

主编 何光沪 高师宁

十编 第 **12** 册

近代山东基督教历史资料译丛
——中国圣省山东(下)

〔英〕法思远 主编
郭大松、杜学霞 译

花木兰文化事业有限公司

国家图书馆出版品预行编目资料

近代山东基督教历史资料译丛——中国圣省山东（下）／郭
大松、杜学霞 译 -- 初版 -- 新北市：花木兰文化事业有限公
司，2024〔民113〕
目 10+190 面；19×26 公分
（基督教文化研究丛书 十编 第 12 册）
ISBN 978-626-344-625-0（精装）
1.CST：英国浸礼会 2.CST：传教史 3.CST：山东省
240.8   112022499

ISBN-978-626-344-625-0

基督教文化研究丛书
十编 第十二册   ISBN：978-626-344-625-0

近代山东基督教历史资料译丛
——中国圣省山东（下）

译　　者 郭大松、杜学霞
主　　编 何光沪、高师宁
执行主编 张　欣
企　　划 北京师范大学基督教文艺研究中心
总 编 辑 杜洁祥
副总编辑 杨嘉乐
编辑主任 许郁翎
编　　辑 潘玟静、蔡正宣 美术编辑 陈逸婷
出　　版 花木兰文化事业有限公司
发 行 人 高小娟
联络地址 台湾 235 新北市中和区中安街七二号十三楼
　　　　　电话：02-2923-1455／传真：02-2923-1452
网　　址 http://www.huamulan.tw 信箱 service@huamulans.com
印　　刷 普罗文化出版广告事业
初　　版 2024 年 3 月
定　　价 十编 15 册（精装）新台币 40,000 元   版权所有 请勿翻印

近代山东基督教历史资料译丛
——中国圣省山东（下）

郭大松、杜学霞 译

目次

第十章　山东基督新教（下）：山东基督新教差会事工概述

山东美国南浸信会事工概述

　　山东（美国）南浸信会最初为该会上海差会的一个分会。在一份《登州最初十三年差会史》手稿中，高第丕夫人写道：

　　　　1860年，天津条约订立[1]，内中规定中国新开数口对外贸易，一些一直急切等待这一机会的传教士们，立即起程前往新开口岸。预计到会有这一结果，当现已结束的同中国的战争还在进行时，（美国）南浸信会本部（the Southern Baptist Board）即任命花雅各（J.T. Holmes）牧师和花雅各夫人为赴山东传教士，要他们在去山东的道路开通之前留在上海。因此，花雅各夫妇在1859年初抵达上海后，即聘请了一位济南府教师，开始学习山东方言。是年夏天，他们到了烟台，在那里的一条帆船上滞留数月之久——花雅各先生经常上岸，他曾两次陆路旅行到登州，花雅各夫人海路去登州一次，但未登陆。考虑登州可能没有对外贸易，他们认为有必要在烟台建立一个差会或某种机构，通过这一机构代理登州差会。因英国人在大沽遭到袭击，推迟了条约的签订[2]，这些计划直至1860年秋始得以实施，花雅各

1　《天津条约》初订于1858年6月，但未经批准。此处谓1860年，应为是年订立《北京条约》正式承认《天津条约》有效的时间。

2　实际是推迟了交换《天津条约》批准书的时间。

先生这时与埃德金斯（Edkins）夫妇一起到了烟台，在那里租赁了一所房子，并进行了修缮。当花雅各先生回上海搬家时，1859 年夏到那里的海雅西（Hartwell）夫妇，由于健康的原因，已经决定北上，到一处拥有较适宜气候的所在。

到达烟台这伙人中的海雅西先生在最近的一次通信中说：

从上海起程，经过两周航行，海雅西夫人和我及我们的幼子杰西（Jesse）于 1860 年 12 月 31 日在烟台登岸，与我们结伴而来的是花雅各夫妇和他们的幼女安妮（Annie）。杨格非（Griffith John）牧师及霍姆斯（M. G. Holmes）先生和我们乘同一条船来到这里。由于不可能在平常登陆地点上岸，我们不得不把我们的小船停放在法国人驻地或称东海滩上，即靠近现在法国领事馆的地方。海船溅起的浪花洒泼在我们身上，落下时即结了冰。环境险恶，令人战栗；但我们那时年轻气盛，精神愉快，充满希望。烟台那时尚无任何国家派驻领事，也没有建立在欧洲人监督下的海关，除了法国士兵和上面提到了几个人外，其他外国人就只有一个叫约翰·史密斯（John Smith）的和一位犹太人海亚姆（Hyam）先生。

数星期之后，海雅西先生和花雅各先生到黄县和登州进行了一次考察旅行。

在那次旅行中，最后决定花雅各先生定居烟台，海雅西先生则要在登州开设一个布道站。该城人民怨恨刚刚结束的那场战争。他们十分无知，分辨不出国籍。所有相像的人都是"外夷"。"1863 年，全城被外国人在本地井中下了毒的传言搞得一片恐慌。海雅西先生在这一时期的作品中写道：'我记得人们十分激动，那些实际上把药物扔到井里然后又把井清洗出来的肇事者不断煽动人们这种情绪，然而他们得意洋洋地展览他们发现的所谓毒药，结果总是中药，而且总是用中国布包裹的。这种外国人投毒的传说始于 1861 年……1867 年冬和 1868 年，人们自信地宣称我们在新年即要全部被屠杀……将对我们施用所有残暴的方法……在天津的大屠杀[3]之前，这些传说并未引起特别的不安。而后我们的敌人大胆起来，绅士们频频召开如何对付我们的会议'。"

那时烟台没有美国军舰，两艘英国军舰好意前来接走了传教士。稍后乘一

3　指 1870 年发生的"天津教案"。

艘美国军舰返回之后，人民似乎比较友好了。屠杀外国人的传言依然流传，但数年间即自然而然地消声匿迹了。

上帝作证，尽管有激烈反对情绪，登州北街浸信会（the North St. Baptist Church of Tengchow）还是于 1862 年建了起来，共有 8 名成员，其中包括海雅西夫妇和花雅各夫人。1864 年，该会已有 18 名成员。1874 年，成员发展到 63 名，吴春朝（Wu Tswun-Chau）先生担任牧师。

在高第丕博士和高第丕夫人的概要叙述中，可以见到戚家牌坊（Chi'chiap'aifang）建立了南浸信会一处新教会，以及 1866 年组建牌坊浸信会（the P'aifang Baptist Church）的叙述。

美国内战迫使南部浸信会本部派出的传教士们必须想办法自己供养自己。这一必要做法妨碍了传教工作的进步，但传教士们勇敢斗争，上帝依旧为他们的努力赐福。登州教堂现有来自海雅西夫人寄宿女校的 4 名最好的工作人员，一名是高牧师的妻子，两名有能力的女布道员，一名在其自己的村校教书的教师。

美国内战的灾难性结局，依然使对传教士的援助困难重重，所有早期的增援希望不得不予放弃。

花雅各先生被太平军杀害以后[4]，花雅各夫人回到了登州。登州北街教会有几名成员住在烟台或烟台附近。其中有一名成员建立了一所小教堂，工作由中国人主持。1873 年，决定海雅西先生居住烟台。海雅西在其 1874 年的报告中说："我到这个地方的小教堂，令人感到非常满意，非常希望我们的努力产生良好的结果。"1875 年，由于海雅西夫人旷日持久的严重疾病，海雅西先生"被迫不情愿地申请准许返回美国"。因为缺乏工作人员，烟台布道站关闭了。1906 年，司提反（Peyton Stephens）牧师和司提反夫人重开烟台布道站。该布道站现有 6 名传教士。

在 1872 年和 1873 年，穆拉第（Moon）姊妹来到登州布道站。1878 年，爱德蒙妮亚·穆拉第（Edmonia Moon）小姐因病最终返回美国。数年间，南部浸信会在山东的力量为一名男人和 3 名妇女。后来，这一区域的力量缩减为一名男人和一名妇女，以及美国的一名辛苦了 20 年请求休息的妇女——高第佩夫人。1881 年，海尔科伯（N. W. Halcomb）牧师加入南浸信会山东差会，翌

4　原作者注：此事将另文叙述。译者按：这里的所谓"太平军"，实应为捻军，不过，胶东民间均称其为"长毛"或"长毛反"。

年蒲其维（C. W. Pruitt）牧师加入进来。蒲其维牧师于来山东同年秋天，和烟台长老会布道站方姑娘（Ida Tiffany）小姐结婚。海尔科伯先生和蒲其维先生及蒲其维夫人，习惯于在黄县、招远及毗邻地区做长途旅行。在一次这样的旅行中，他们在平度城逗留了数日，开始对该城人民产生浓厚兴趣。蒲其维夫人去世后，蒲其维先生悲痛之余，要求派另一位差会成员访问平度，说他不希望丢掉妻子在那里的工作。依照这一要求，穆拉第小姐访问了平度。在那里开展工作给她的印象极深，以至在西郊租了一所房子，并于回登州做了必要的安排之后，即返回平度过冬。差不多同时，戴沃尔特（Davault）先生夫妇和乔恩纳（Joiner）先生夫妇开办了黄县布道站。戴沃尔特先生死于肺结核，乔恩纳先生由于健康原因被迫返回美国。蒲其维牧师同登州长老会的安娜·西沃德（Anna Seward）小姐结婚，定居于黄县。在黄县开辟布道站的最初努力，遭到了激烈的反对。为了得到业已购买的财产，有必要求助于有势力的直隶总督李鸿章。求助李鸿章之后，在购买房屋或土地方面未再遇到麻烦，但排外情绪依旧。1901 年到来的艾体伟（T.W.Ayers）医生的医务工作，有效地赢得了中国人的心。数年间，医院的开办经费一直靠收取费用和当地富有中国人的慷慨捐款维持。没有一个病人未经治疗就被打发走的。杰西·L·佩蒂格罗（Jessie L. Pettigrew）小姐——一位护校毕业的护士，负责该院女诊部。

　　黄县布道站已成功地在招远和莱阳开展布道工作，各县都已发展起一所繁荣的教会。黄县教会有幸由一名有知识的牧师主持，该牧师称得上是一位具有高贵品质的男子汉。他放弃了成功的商业生涯，接受了崇实中学（Hwanghsien Academy）校长的职务。后来他又为了接受黄县教会牧师之职而辞去校长职务。这所为男性青少年开办的学校，数年来由有才干的 S·埃米特·斯蒂芬斯（S. Emmet Stephens）牧师管理。现在该校由专门来从事教育工作的海（Charles N. Hartwell）先生负责。斯蒂芬斯夫人（Mrs. Stephens）负责女子寄宿学校。黄县的布什神学院（The Bush Theological Seminary）有 3 名传教士：海雅西牧师、钮顿（W. C. Newton）牧师和郭维弼（W. B. Glass）牧师。1901 年春季学期招收了 43 名学生。该神学院现在做的工作非常重要，正在为浸信会山东差会所有布道站培养布道师。最近，该院的一名毕业生受命为登州教会牧师之职。

　　海爱璧（Anna B. Hartwell）小姐和汤普森（Thompson）小姐忠实地从事黄县布道站的妇女工作。

平度布道工作的源起，上面已经提到。1889 年，范妮·耐德（Fannie Knight）小姐的到来，推动了平度的布道工作。她在中国居民中或独自学习汉语，开展布道工作。蒲其维虽然驻扎黄县，但并未忽视平度的工作。在那一地区，他有过组建第一个浸信会教会的欢乐，该教会设在离平度城约 10 英里的一个叫沙岭（Saling）的村庄。这个教会后来受到严酷迫害。作为七所教会牧师的李先生，被迫一度离家出走。他受到自己兄弟的"追杀"。他的父母也同样激烈反对基督福音。数年之后，他的父亲成了一名基督徒。欧文（J.C.Owen）牧师最近写了一封公开信，其中有一段是这样写的："在（李）牧师忙着为这些人施洗时，一群新来的候洗妇女离开座位站到他的左边。当李牧师以通常平静的声音召呼她们的名字时，他的嗓音变了，努力压抑了一阵之后，说：'这是我的老母亲'。作为对 20 年诚挚祈祷的回答，现在 86 岁，聋得几乎不可与谈的老太太，一早起来步行来到教堂，追随他的丈夫由其儿子施行洗礼。"十分了解他的赫恩（Hearn）医生说："李牧师是一位非常诚挚、可爱、热心的基督教工作者。"

1891 年，**谢万禧**（W. H. Sears）牧师被派到平度布道站，在他的贤明领导下，该地工作取得极大成功。欧文牧师负责一所繁荣的中学和师范学校。**谢万禧**夫人负责女生寄宿学校，该校上学期末送走了第一批毕业生。阿克斯纳（J. M. Oxner）医生 1904 年出来之后不久，即在平度开始了医务工作。他的去世对该布道站是一沉重打击。1907，赫恩（T. O. Hearn）被派到平度。"**怀阿医院**"（Oxner Memorial Hospital）于 1909 年竣工。弗洛伦斯·琼斯（Florence Jones）小姐是该院的一名护士。"去年[5]，本院治疗病人近 9,000 名，包括门诊病人、住院病人及手术病人。现在我们平均每天看 25 名门诊病人，并有一批住院病人和手术病人。平均每天约有 40 人在两间布道室听道。"

与平度工作有关联的是青岛的一个教会，那里的教会有 20 名成员。如果要修建一座教堂的话，青岛同会中人主动提出要提供许多帮助。

1898 年，**楼约翰**（J. W. Lowe）牧师加入平度布道站。数年后，莱州府的需要引起了他的关注，他又回到了那座城市。不久，威利福德（Mary D Willeford）小姐加入了平度布道站，稍后**郭维弼**（W. B. Glass）牧师和**郭维弼**夫人来到这里。平度布道站有一所寄宿男校和一所寄宿女校。这里也有一所妇女布道学校，由威利福德小姐负责。1908 年，**傅雅各**（J. McFadden Gaston）

---

5 应指 1910 年。

医生和**傅雅各**夫人到了莱州府，增加了那里的力量。1910 年 2 月，"**梅铁男医院**"（Mayfield Tyzzer Hospital）开始为病人看病。"该院一层设有一间手术室、候诊室、药房，以及一间医生办公室。楼上用于数目日益增多的住院病人之用。"这所医院是专为男人开设的，妇女和儿童在一处诊所看病。

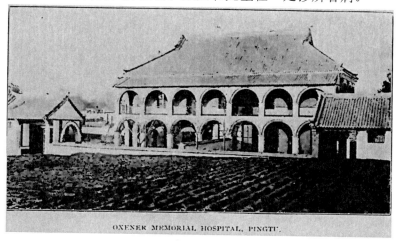

OXENER MEMORIAL HOSPITAL, PINGTU.

平度怀阿医院

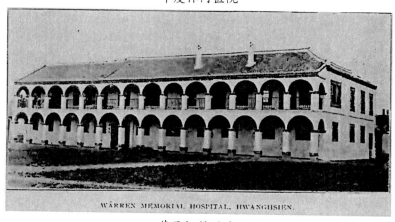

WARREN MEMORIAL HOSPITAL, HWANGHSIEN.

黄县怀麟医院

在过去两年中，泰安府的一些福音会（Gospel Mission）成员，接受了南浸信会总部的任命。**王威林**（W. D. King）牧师和金夫人转至登州，王威林牧师于 1909 年去世，令人深感悲痛。山东浸信会打算在再往西一点的地方设立一处布道站，但至今尚未选好地点。

关于浸信会山东最早的布道站——登州布道站，这里再补充说几句。作为浸信会山东第一个教会组织北街教会，最后转移到了招远的一个村庄——上庄（Shangtsang），该教会的几个成员就住在那里。其他一些成员，则合并到了戚家牌坊教会。1893 年，海雅西先生回到了登州。海雅西夫人开办了一所寄宿女校，该校在她的管理下办得很成功。海雅西夫人去世后，这所女校由海（Hartwell）小姐负责。现在，泰勒（Ida Taylor）小姐负责该校工作。

登州布道站现有 8 名传教士，其中有些是近来才到这一地区的。民众已不再有敌对情绪，他们同传教士的关系是亲切而友好的。人们诚挚地到城市参观，来访的妇女受到传教士们的热诚接待，她们聚精会神地听传教士们宣讲；许多人渴望得到教导。这里现有 3 所走读女校，两所走读男校。现居住在曾经激烈排外的城市里的传教士们有理由认为："在令人愉快的地方，已有铺好的道路，的确，他们有一笔丰厚的遗产。"

浸信会统计表

组建年代	1860
教会数	17
布道点	51
成员数	2639
学校数	94
招收学生数	1527
神学院和妇女布道学校数	2
神学院和妇女布道学校招收学生数	55
委任本地牧师数	3
传教士	50

华北[6]

山东省登州：

穆拉第（Lottie Moon）小姐，

伊达·泰勒（Ida Taylor）小姐，

王（King）夫人，

董（W. W. Adms）和董夫人，

6　下列各布道站具体人员，与前面行文所叙多有不合，大约是因行文叙述简略，有些传教工作地点不断变动，而列出的各地传教士，是以其最后工作地为准。另，前面表格中标明传教士为 50 名，但下面列出的人员多达 60 余名，个别属重复列举，其余是否本不是传教士，而是浸信会一般工作人员或浸信会传教士家属，也名列其中了，抑或其它原因，不详。

怀特（M. F. White）小姐，

赖德（J. W. Lide）小姐，

特纳（J. V. Turner）和特纳夫人。

烟台属黄县：

艾体伟（T. W. Ayers）医学博士和艾体伟夫人，

汤普森（E. B. Thompson）小姐，

佩蒂格罗（Jessie L. Pettigrew）小姐，

斯蒂芬斯（S. E. Stephens）和斯蒂芬斯夫人，

海雅西（J. B. Hartwell），

海爱碧（Anna B. Hartwell），

钮顿（W.C. Newton）和钮顿夫人，

郭维弼（W. B. Glass）和郭维弼夫人，

娄约翰（J. W. Lowe）和娄约翰夫人，

丹尼尔（J. C. Daniel）。

山东省胶州属平度：

谢万禧（W. H. Hears）和谢万禧夫人，

欧文（J. C. Owen）和欧文夫人，

阿克斯纳（Cora H.Oxner）夫人，

赫恩（T. O. Hearn）医学博士和赫恩夫人，

杰蒂尔（Ella Jeter）小姐，

利吉特（J. Legett）小姐，

琼斯（Florence Jones）小姐。

莱州府：

加尔德维尔（Galdwell）小姐，

伟丽福（Mary D. Willeford）小姐，

李新德（Cynthia A. Miller）小姐，

休伊（Alice Huey）小姐，

傅雅各（J. McF Gaston）医学博士和傅雅各夫人，

伦纳德（Chas. E. Leonard）和伦纳德夫人，

毛尔根（E. L. Morgan）和毛尔根夫人，

道哲斐（Dawes）先生和道哲斐夫人。

烟台：

司提反（Peyton Stephens）和司提反夫人，

毛尔根（Edgar L. Morgan）和毛尔根夫人，

阿伯内西（Gertrude I.Abernethy）小姐，

豪斯顿（L.Houston）小姐，

蒲其维（C.W.Pruitt）和蒲其维夫人，

马克瑞（T. F.McCrea）和马克瑞夫人。

中国内地

河南省郑州：

陆德恩（W. W. Lawton）和陆德恩夫人，

卢泽恩（A. D. Louthan）医学博士，

赫里英（D. W. Herring）和赫里英夫人，

麦克太尔（Lila McIntyre）小姐。

河南省开封：

施爱理（W. E. Sallee）和施爱理夫人。

山东美国（北）长老会

方维廉（W. P. Chalfant）牧师

美国北长老会在这里的工作始于 1861 年，是年倪维思（J. L. Nevius）牧师和倪维思夫人从宁波来到山东。他们最初在登州府定居，在 1860 的条约[7]里，登州曾被列为山东的通商口岸。从上海来的梅理士（Charles R. Mills）牧师和梅理士夫人，以及盖利（Gayley）牧师和丹福思（Danforth，又作但福思、旦福德、旦富德）牧师加入了他们的行列。不久，后两位中第一位去世，第二位亦因健康原因而去职。1864 年，狄考文（C.W. Mateer）牧师和狄考文夫人，郭显德（H. Corbett）牧师和郭显德夫人，从美国来到这里。

1862 年，组建了一家中国教会，并在周围乡村开展巡回传教工作。1864年，狄考文博士和狄考文夫人建了一所男校，该校即著名的登州文会馆前身。1905 年，登州文会馆迁至潍县，组成山东基督教大学文学院（the Arts College

---

7　即《中英北京条约》，该条约确认 1858 年签订的《中英天津条约》有效。《中英天津条约》曾规定开放登州为通商口岸。

of the Shantung Christian University）[8]。

由于缺乏海港设施，不久即发现登州不适合作商业口岸，因此山东通商口岸便改为登州东南 50 英里处的烟台。1865 年，郭显德从登州迁至烟台，开始在那里开展工作，……他起初住在一所很小的中国房子里，现在这所房子已淹没在中国大城镇里了。后来，烟台长老会获取了现在毓璜顶上这一居高临下的地方。

倪维思博士和倪维思夫人后来到烟台同他们一起工作，稍后雷音百（J. A. Leyenberger）牧师也到了这里。他们采取了在山东内地持久巡回传教的政策。

1877 年的饥荒，促使传教士们在山东中部散发救济品，这一举动有助于创造许多传播福音的新机会。

1883 年，狄乐播（R. M. Mateer）牧师和良约翰（J. H. Laughlin，亦作劳福林、梁约翰）牧师，在登州西南 150 英哩的潍县城郊附近建立了一处布道站，目的是要发展和扩大从烟台起程巡回传教的传教士们在那一地区开创的工作。

这处布道站现已发展为山东境内最大和设备最好的差会布道站之一，而且如上所述，已成为山东基督教共合大学文学院（the Arts College of the Union Shantung Christian University）[9]所在地。

以这里为中心进行的广泛持久的巡回传教工作，已经取得了异常圆满的成功。

在此期间，山东省城济南的传道工作，已开展了很长一段时间了。1872 年，文璧（Jasper McIlvaine）牧师在那里开始进行固定布道工作。隋斐士（J. F. Crossette）牧师和隋斐士夫人，莫约翰（John Murray）牧师和莫约翰夫人先后于 1875、1876 年来此与文璧一起工作。起初 20 年，这些传教士住在济南城中心租赁的中国房屋里，直到现在才在东郊弄到一处可自由建造房屋的土地。

持续不断地进行街区居民礼拜仪式宣传，相当多的农村工作已向北、西北和西南发展了起来。

8　山东基督教大学文学院，又称山东基督教大学文理学院、广文学堂。后来发展为齐鲁大学，迁至济南。山东基督教大学最初组建起来的只有在潍县的文理学院、青州的神学院，文理学院中文时称"合会学局"。

9　即前述山东基督教大学，山东基督教共合大学是作者撰写这篇文章时的称呼。事实上，英美人士当时的著作，这两个名称混用，在他们心目中很清楚指的是同一所学校。

1889 年，美国（北）长老会山东差会决定开设两处新布道站，一处位于该省南部的沂州；一处在该省西南角大运河岸边的济宁州。这两处地方，前一处烟台和潍县的传教士们数年前曾来此访问过，后一处则有济南的传教士们做过访问。1890 年，方维廉（William P. Chalfant）牧师夫妇、纪力宝（Charles A. Killie）牧师夫妇、伊维廉（W. O. Elterich）牧师夫妇以及章嘉礼（Charles F. Johnson）医生夫妇，开设了沂州布道站。开始，这些传教士住在南郊非常简陋的中式房屋里，但现在居住条件得到了改善。巡回传教工作覆盖的地区，南北直径 130 英哩。这里各方面都已取得了稳定的进步。

1909——1910 年冬季，随着丁立美（Ting Li-mei）牧师的宣讲布道，出现了著名的宗教复兴热潮，当时沂州城里和附近的 2,000 名男女表明了他们学习福音的意图。这些人中，许多有望成为真正的基督信徒。

1891 年，良约翰（J. H. Laughlin，又作劳福林）牧师夫妇和蓝（W. Lane）牧师夫妇开辟济宁州为常设工作地。在这里工作的医生是范大夫（I. L. Vanschaick）。这里的工作同沂州府各方面的情况一样，都已取得了进展。农村工作十分广泛，丰县[10]（Feng Hsien）和曹州府地区获得了特别的成功。在沂州府和济宁州城中都有繁荣的教会，这些教会均有与美国（北）长老会山东差会有关的建筑。

1905 年，在大约位于沂州府和济宁州中间位置的峄县开设了另一处布道站。这里的第一批传教士是富维思（Wallace Faris）牧师夫妇和叶克思（C. H. Yerkes）夫妇，以及孔维廉（W. R. Cunningham）医学博士。富维思先生在 1907 年大灾荒中，因散发救济品劳顿而去世。峄县地处从城北大煤矿运煤至大运河的铁路线上，将来很有可能在滕县南部拟设的从胶州经沂州与津浦路接通的铁路线上。

1899 年，随着德国人占领青岛，人们认为最好在那里设一处布道站。第一批去那里的传教士是柏尔根（P. D.Bergen）牧师夫妇和德位思（L. J. Davies）牧师夫妇。青岛华人区已组织起一所坚强的教会，并向西北开展大量的农村工作，包括以前郭显德博士从烟台来即墨从事的工作。

所有这些布道站的职员，当然是年年不断变动的。除青岛外，在每处布道站都开展医疗工作，一直是美国（北）长老会山东差会的政策。教会工作的这一分支工作，在解救疾苦和打破偏见方面，有着不可计量的价值。各处布道站，

---

10 位于江苏省西北部。

都已建立了适合中国人观念的医院和诊所，在这些医院和诊所，每年有成千上万名病人得到治疗。一般说来，大多数诊所收取少量入诊费，大部分医疗费用靠中国人各方面的捐献支付。济南医疗工作的经办费用，一直完全靠这种办法支付。

教育方面的努力是要基督徒们在其所在布道站建立初等学校，差会提供校舍和尽可能多的教师薪水。从这些学校挑选出来的男孩，当他们有能力进入高一级学校时，即到各中心布道站设立的中等学校寄宿学习，接下来，这些中等学校再向山东基督教大学保送学生。

在潍县和山东东部各宣教地，有 10 名委任的牧师，他们主要由其所在教会提供生活费，现在所有宣教地都打算推行这一做法。济南和沂州的教会，也是自立的。在山东上述 8 个布道站，有接近 10,000 名受餐信徒为福音和基督教育平均每人捐献一墨西哥洋。

美国（北）长老会山东东部差会和西部差会概况统计

男传教士 26 名；

女传教士 43 名；

委任的本地传道士 19 名；

本地教师和助手 463 名；

教会 58 所；

受餐信徒 8,962 名，去年增加 881 名；

学校 181 所；

住校生和日校生共计 3,145 名；

主日学学生 3402 名；

捐献总计墨西哥洋 9,908 元。

美国（北）长老会山东差会职员概况统计（1911 年 6 月 30 日）

山东基督教大学：

神学博士赫士（W. M. Hayes）牧师、赫士夫人（1882 年）[11]，青州府神学院[12]。

神学博士柏尔根（Paul D. Bergen）牧师、柏尔根夫人（1883 年），潍县文

11 指来山东时间，下同。
12 指工作地点和工作部门，下同。

学院。

医学博士聂会东（Jas. Boyd Neal）、聂会东夫人（1883 年），济南医学院。

方维廉牧师（W. P. Chalfant，1885 年）和方维廉夫人（1907 年），青州府神学院[13]。

路思义（H. W. Luce）牧师和路思义夫人（1897 年）潍县文学院。

陈德亮（H .E. Chandler）先生和陈德亮夫人（1908 年），潍县文学院。

徐伟烈（W. M. Schultz）医学博士（1909 年），济南医学院。

梅赞文（Samuel Mills）先生（尚未到职）。

登州，1861 年[14]：

慕杂甫（W. F. Seymour，又作慕维甫）和慕杂甫夫人（1893 年）。

斯诺格雷斯（M. A. Snodgrass，时人称"薛姑娘"）小姐（1893 年）。

文约翰（J. P. Irwin）牧师和文约翰夫人（1894 年）。

怀伊爱德真（Calvin Wight）夫人（1901 年）。

费明珠（Margaret Frame）小姐（1910 年）。

道阿玛（Alma Dodds）小姐（1910 年）。

巴堪朴（Ott Braskamp）牧师（尚未到职）

奥尔（Orr）小姐

烟台，1862 年：

神学博士、法学博士郭显德（Hunter Corbett）牧师（1863 年）和郭显德夫人（1899 年）。

梅理士（Annetta T. Mills）夫人（1884 年）。

哲学博士伊维廉（W. O. Elterich）牧师和伊维廉夫人（1889 年）。

卫礼士（Mason Wells）先生和卫礼士夫人（1899 年）。

毕维廉（W. C. Booth）先生（1903 年）和毕维廉夫人（1905 年）。

希尔思（Oscar F. Hills，又作稽尔思）医学博士和希尔思夫人（1907 年）。

史密斯（Harold F. Smith）先生（1910 年）。

阿保罗（Paul R. Abbott）牧师和阿保罗夫人（1910 年）。

葛爱德（Carter）小姐（1905 年），非正式传教士（associate missionary）。

---

13 方韦廉原配夫人 1893 年病故，这里是方韦廉的继室夫人。

14 指该处布道站最初设立时间，下同。

济南，1872 年：

莫约翰（John Murray）牧师（1876 年）。

神学博士韩维廉（W. B. Hamilton）牧师（1888 年）和韩维廉夫人（1892 年）。

章嘉礼（C. F. Johnson）医学博士和章嘉礼夫人（1889 年）。

道雅伯（A. B. Dodd）牧师（1903 年）和道雅伯夫人（1904 年）。

博恩妮（Emma S. Boehne，时人称"贝教士"）小姐（1903 年）。

常思德（W. W. Johnston）牧师（1907 年）和常思德夫人（1908 年）。

医学博士默温（Caroline S. Merwin，时人称"文大夫"）小姐（1910 年）。

陶任斯（Andrew A. Torrance）先生和陶任斯夫人（1910 年）。

潍县，1882 年：

狄乐播（R. M. Mateer）牧师（1881 年）和狄乐播夫人（1889 年）。

神学博士方法敛（F. H. Chalfant）牧师和方法敛夫人（1887 年）。

费习礼（J. A. Fitch）牧师和费习礼夫人（1889 年）。

贺乐德（C. E. Hawes）小姐（1896 年）

狄考文夫人（Mrs. Calvin Mateer,1900 年）。

卫礼士（Ralph Wells）先生（1902 年）和卫礼士夫人（1905 年）。

医学博士拜诺娜（Margaret H. Bynon，时人称"安教士"）小姐（1903 年）。

医学博士罗嘉礼（Charles K. Roys）和罗嘉礼夫人（1904 年）。

李恩惠（Grace Rawley）小姐（1910 年）。

沂州府，1890 年：

医学博士明恩美（Emma E. Fleming）小姐（1898 年）。

罗明（又作罗密阁-H. G. Roming）牧师和罗明夫人（1901 年）。

马子堂（G. A. Armstrong）牧师（1902 年）。

富保罗（Paul P. Faris）牧师和富保罗夫人（1905 年）。

法明珠（Margaret Faris）小姐（1905 年）。

福奥兹（Frederick Fouts）医学博士和福奥兹夫人（1905 年）。

医学博士邓来普（Robert W. Dunlap,1909 年）。

济宁州，1902 年：

莱昂（Charles Lyon，时人称"来大夫"）医学博士（1900 年）和莱昂夫人（1902 年）。

唐多马（T. N. Thompson）牧师（1901 年）和唐多马夫人（1902 年）。

田发起（Frank E. Field）牧师（1904 年）。

梅嘉礼（Charles M. Eames）牧师（1907 年）。

梅甡善（Susy F. Eames）小姐（1909 年）。

青岛，1899 年：

医学博士库珀（Effie B. Cooper，时人称"库教士"）小姐（1899 年）。

沃恩（M. L. B. Vaughan，时人称"范教士"）小姐（1901 年）。

史芘臣（Charles E. Scott）牧师和史芘臣夫人（1906 年）。

孟传真（T. H. Montgomry）牧师和孟传真夫人（1909 年）。

哲学博士奚尔恩（J. J. Heeren）牧师（1911 年）。

峄县：

范明珠（A. K. M. Franze）小姐（1904 年）。

叶克思（C. H. Yerkes，又作叶克斯）牧师和叶克思夫人（1904 年）。

坎宁安（W. R. Cunningham）医学博士。

派至差会但尚未分配的：

申乐道（Roy M. Allison）牧师和申乐道夫人。

福勒（Fowler）先生。

美国公理会华北差会山东事工概略

或许可以说，美国公理会华北差会山东工作的开辟，应归功于"自然的原因"。1867 年，山东德州城附近一个地方的几名难民，闯进了我们在天津的一座小教堂。这几个难民是在搜寻武器要带回他们的村庄时，无事闲逛进了这座教堂，该教堂现仍然每天开放，位于天津鼓楼向东大街的北边。

应这些人的邀请，对这一地区进行了首次访问。许多年间，这一地区的工作，就是靠天津的一些传教士每年一度的访问来开展的。早期的访问几乎没有什么结果，直至 1877 年的大饥荒，才有了广泛开展工作的真正动力。难民们成群结队向北逃荒，但依然穷困不堪。国内外都发出了（救荒）呼吁，收集到大笔钱财，仅在这一地区，新教传教士就散发约 10,000 金元物品来满足这里人民最急迫的需要。

这次散发物品救灾，使这一地区的人民第一次亲眼目睹了基督教的精神和实惠，紧接着便出现了加入教会的巨大热潮，在那次赈灾工作结束后的 12 个月时间里，接收了 150 人加入教。

鉴于以上情形,我们即有意采取措施在这一地区设一处布道站,并在 1880 年指定两个家庭和一位单身女士到这一宣教地,定居庞家庄(Pang-kiachuang),该庄建有围墙,约 800 名居民。

在庞家庄布道站建立 5 年后,华北差会任命一个委员会,要寻找一适当地方再建一处布道站。正是根据这个委员会的建议,临清被选中为开辟新工作的适宜之地。由于恐吓性的暴力,购买和修缮居所的工作一度停顿,直至 1887 年,第一批传教士才得以在这座重要城市定居。

起初,这一地区的工作是由从天津起程作年度旅行的神学博士山嘉利(C. A. Stanley)牧师完成的。后来,旅行及建立两处定居地的先驱工作,则是由庞庄(Pangchuang,即庞家庄)的神学博士明恩溥(A. H. Smith,又作明恩普)牧师和明恩溥夫人,医学博士博恒理(H. D. Porter)牧师和博恒理夫人、波特(M. H. Porter)小姐,临清州的金法兰(F. M. Chapin)牧师和金法兰夫人、秦恒瑞(H. P. Perkins)牧师和秦恒瑞夫人等完成的。1900 年以前常驻这两处布道站,并且现在仍在这两处布道站积极工作的传教士,唯有卫曙光、卫恩光(Wyckoff)姐妹,其他传教士,或转移别处布道站工作,或已返回美国。在这些布道站的早期工作中,最积极的是医学博士裴智理(A. P. Peck)先生和裴智理夫人。医学博士阿特伍德(I. T. Atwood)先生和阿特伍德夫人,以及医学博士魏格纳(Wagner)先生和魏格纳夫人,阿特伍德先生和阿特伍德夫人后来属山西差会(Shansi Mission)。

1900 年以前,这两处布道站的工作,像任何差会的工作一样,有了很大发展,由于这一年的义和拳暴乱,一切工作都停顿下来。临清布道站被摧毁了,整个工作遭到了毁灭性的打击。几乎是在 10 年之后,该布道站始完全重建起来,现正接近完成。庞家庄的大部分分站被毁,但中心布道站并未受骚扰,尽管所有外国人都不得不逃到了沿海地区。这里没有外国人丧生,也没有多少中国人丢掉性命,虽然他们经受了巨大痛苦。席卷山东这一地区的义和拳风暴,虽然持续时间比其他地区长,但却不甚猛烈,同我们在直隶和山西的布道区相较,尤为明显。尽管传道工作在 1900 年中断了,但教徒数量却一直在稳步增长,从 1869 年的两名妇女入教,发展为今天的 1,484 名教徒。大多数布道分站,部分达到了自给,但至今尚无完全自给的教会。自己拥有小教堂或租有小教堂的布道分站,现有 37 处,有 32 处定期聚会。

在差会工作中,妇女工作总是占有显要位置,由于负责这一工作的女士们的不倦努力，教会中女教徒所占比例极大。早期妇女工作，由于环境的原因，某种程度上是以无次序方式进行的，但不久即制定了较明确的计划，目的是要使本教会的所有女教徒至少都能阅读一些简明基督书籍，我们一直坚持朝这一目标努力，考虑到在农村妇女中开展工作的困难，可以说这一目标已在相当程度上实现了。布道站的上课方法，最终固定下来，即现在实行的方法。以前几乎完全由差会女教士讲课，近来则由中国教师在传教士总的指导和监督下授课。

教育

我们的教育工作，发端于一所小学校，这所小学校经 1878 年协商本应设在转给差会使用的一座庙宇处。后来这所学校几经兴衰，七零八落，经整顿在庞庄重建。这所庞庄中心布道站学校逐渐发展，到 1898 年，它即由一所具有小学和中学双重建制的学校，发展到拥有高等教育的学校，而且，除 1900 年一度中断外，一直维持至今。这是这一地区试图达到这种办学水平的第一所差会学校。1907 年以前，这所学校一直未对外招生，只招收基督教家庭出身的孩子，但这年年初制定的规划，令该校声誉隆起，得到民众的普遍好感，以至即使异教徒也十分愿意进学校学习，并愿为他们所受教育缴纳足够费用。在临清城里，有可能重建一所配备新设施的良好且将不断扩大的学校。由于过去我们一直未能保证有足够的预备教师，乡村日校是我们的最大难题。显然，这是一个有许多办法解决的问题。随着我们的高等学校专业生数量的增长，这一问题即可能获得解决。基督教差会所掌握的最有效的力量，就是差会学校累积的力量，因为比较而言，中国政府的学校，尤其是那些内地城镇学校，效率低下。

1893 年，开办了一所有 4 名小女孩的寄宿女校，她们有勇气放了脚，因为放脚是入学的必要条件。这所较老的学校，已有第一批毕业生由北京协和女校（Union Woman's School）授予文凭，这所学校和临清州一所同样但更晚些时候建立的女校，是我们的两所主要女校。逐步发展的日校向这些学校提供越来越多的生员。这类学校的重要意义在于一点一点地武装我们基督徒的头脑。以前，许多分布道站开办的妇女班，为女孩提供了在进入中心布道站学校之前即开始学习识字的机会。我们的女子教育有许多收获，其中之一就是我们在当地开办的幼稚园，这所幼稚园是在山东办的第一家，开设于 1907 年夏，由女校的一名毕业生负责，她在北京接受幼稚园方面的训练。"布丁好坏，不尝不知"，这座幼稚园当然是优良的幼稚园。在这所幼稚园受过训练的孩子，较未受过这一训练的孩子有着极大优势。

美国公理会华北差会庞家庄男校

美国公理会华北差会庞家庄女校

我们学校毕业的男女毕业生，现正在中国政府机构及我们自己和其他差会中担任重要职务，诸如：北京协和女校和各种差会学校中的女教师；男、女医院中的医务工作者；各种为妇女开办的教学班的教师和工作人员；中国海关雇员；中国政府开办的各类学校的教师，中学、专科学校以及大学的校长和教师；我们以及其他差会雇用的牧师和布道员；文学院、神学院和医学院（College of Arts, Theology, and Medicine）的在读高材生[15]，等等。

医务工作

总感到中国人中有许多疾病急需医疗，美国公理会率先强调治疗工作要

---

15 这里的文学院、神学院、医学院，疑为山东基督教大学的三个学院。

同传道士较直接的福音传道联合行动。我们各布道站的医疗工作发端于 1878
年大饥荒之后。起初这项工作在 54 平米的小屋里进行，从 1884 年起，即一直
开展持续不断的医院和诊所工作。几乎难以置信，1878 年那种早期的医疗工
作，在 25 年的时间里竟有如此发展，以致今日庞庄的医院和诊所，除了中国
大城市里的一些医院外，拥有所有病人的档案。在 1881 至 1901 年两个十年的
时间里，记下了有案可查的门诊治疗病人数，包括复诊病人在内，共计 230,000
人。年度记录最高年份是 1897 年，治疗病人 26,000 名。临清州的医疗工作，
从未有过庞庄那样的规模，这不仅是因为没大有这种可能，而且因为缺乏设
备。临清的医疗工作始于该处布道站设立不久，但由于那里的医生在 1900 年
以前返回美国而不得不停顿下来。1908 年，临清又恢复了医疗工作，但一开
始住所就严重短缺，不能满足要求。临清及庞庄的医院和诊所，都在德州设立
了分诊部，经常人满为患。目前的安排，极难满足病人数目的增长及符合更卫
生、有效的专业理想服务的要求。不过，现正拨一笔款项，在临清和庞庄兴建
新医院，以满足这一需要，完成这些长期酝酿开展更大规模工作的计划，看来
只是个时间问题。

　　以上所述，是我们 40 年的事工简况。虽然有这样那样的发展，继而也不
时经历衰退，但考虑到我们白手起家，在慈祥的圣灵感化之下有了这样的收
获，一定要忘却这些兴败得失。虽然没有取得我们所期望取得的进步，也没有
达到我们预定的目标，但我们不能不高兴的是：在这伟大的人民中间正渐次形
成一个令人感到将永久自我繁衍，并在人们面前树立天国原则和观念实际范
例的教会。向着这一目标，我们将满怀希望地辛勤劳作。

美国公理会华北差会山东概况统计

布道站	2
布道分站	37
定期聚会所	32
传教士	
男	4
女	10
男医生	1
女医生	2

本地工作人员总计	71
按立传教士	2
未按立传教士	21
教师	15
女布道员	17
其他工作人员	16

教会统计	
领受圣餐者	1,484
1909 年申请加入者	36
信徒	2,000
主日学校数	2
主日学学校学生数	200

本地捐献	
用于基督教工作	220.00 美元
用于教育	336.00 美元

教育统计	
大学生数[16]	
文学院学生数	13
神学院学生数	4
医学院学生数	6
寄宿和高级中学数	4
寄宿和高级中学学生数	
男	87
女	76
其他学校数	14
其他学校学生数	
男	142
女	64
受教育学生总数	372

16 这里的大学生应是该差会派出在山东基督教大学三个学院学习的学生。

医务统计

    医院   2

        住院病人   557

    诊所   2

治疗病人   11,209

布道站：

    庞家庄，1880 年设

    临清州，1887 年设

布道站职员

    庞家庄：

    卫曙光小姐，1887 年[17]；

    卫恩光小姐，1887 年；

    德福兰（Francis F. Tucker，又作法福兰）医学博士，1902 年；

    埃玛·B·德克（Emma B. Tucker，德福兰妻子）医学博士，1902 年；

    山理（Charles A. Stanley Jr.），1904 年；

    路易丝·H·斯坦利（Louise H. Stanley，山理妻子），1904 年；

    林兴瑞（Lucia E. Lyon）小姐，1905 年；

    韩爱瑞（A. B. De Haan），1909 年；

    萨拉·G·德·海安（Sarah G. De Haan，韩爱瑞妻子），1909 年。

    临清州：

    叶礼士（Emory D. Ellis），1904 年；

    明妮·C·埃利斯（Minnie C. Ellis，叶礼士夫人），1904 年；

    高美玉（Susan B. Tallmon）医学博士，1905 年；

    梅布尔·埃利斯（Mabel Ellis）小姐，1907 年；

    满德（Vinton P. Eastman），1908 年；

    满福伦（Florence C. Eastman，满德夫人），1908 年；

    甘雅阁（James H. McCann）[18]，1901 年；

    内蒂·R·麦克安（Nettie R. McCann，甘雅阁夫人），1901 年。

---

17 指到该布道站的时间，下同。

18 原作者注：临时的。

美以美会山东宣教事工

1873年夏，家住山东省泰安府新泰县安驾庄（Anchiachuang）[19]的王俊福（Wang Juifu）先生，到北京参加为考取举人的乡试[20]。他走访了我们在哈德门（Hatamen）里的小教堂，第一次听讲福音即产生了兴趣，随后便一次又一次地前来听讲。这一兴趣逐渐发展为信仰。他接受基督为救世主，留在这里学习了一个月，当听说要留他在这里见习工作时，他说："我离家已经很久了，继续留在这里，家人会以为出了什么事，我必须回去了"。回到家乡之后，他开始在邻居们中间热情地宣讲耶稣，发现他们中间有些人愿意听讲。

不久，他派儿子王诚北（Wang Ch'eng-p'ei）推着一辆手推车，北向400英里到北京，报告说有18人对福音产生了兴趣，要求发放一些基督教文献。这位年轻人推着一车满载讲述他新发现的救世主的书籍，高兴地返回了家乡。

1874年秋天，应王先生最迫切的请求，刘海澜（H. H. Lowry）牧师和沃克（W. F. Walker）牧师，由陈夏勇（Ch'en Hia-yung）先生陪同，骑马到山东作长途旅行，他们在安驾庄王先生的家里拜访了王先生。陈夏勇先生后来成为我们在华北第一位按立传道士。刘海澜牧师一行到达之后，宣讲福音，出售书籍，引起了极大骚动。一位当地教书先生对他的弟子们说："不要到他们那儿去，也不要买他们的任何书籍，那些书都是左道邪说，不可以读。"当然，有位小男孩得知这种书是要他个人读的，于是便偷偷地溜出来买了一部福音书。这位小男孩后来成了一名基督徒和传道士，现在则已经是我们的一位资深牧师。

1874年10月4日，星期天，有几个人接受了按立礼，加入了教会，受了圣餐，因此这里的教会便正式组建起来。

从一个人的观点来看，像王先生这样的人，在最需要这种证明的地方，诚挚地为他的主做见证，在极为浓重的异教黑暗中高扬福音霞光，是不能生病的。在他找到了救世主不到两年，即被召去做更高级的差事，在那里他们永远不再说"我病了"，也永不死亡。作为唯一能了解他们救世主的人，他极其平静地故去了。

这一年更为突出的事情是，已故王先生的夫人王太太同她的两个小女儿

---

19 现属肥城市。

20 乡试无特别原因，无须至京城，而是在应试人所属省城，这位新泰人不知何故未至省城而赴京应试。

和一个儿子到北京学习。这位儿子用手推车推着他的母亲和两个妹妹，步行400英里到了京城。

王太太是一位具有特殊性格的妇女。无论在什么地方，她的内心从无郁闷、忧愁和敌意，而是总是充满希望，脸上挂着笑容，30年来，她一直做女布道员工作，颇受人们欢迎且卓有成效。如果她乘坐手推车旅行，当推车人休息或停下吃东西时，她就对周围旁观的人宣讲耶稣；在泰安医院大门外坐下来时，她就会让过往朝山进香的人停下在树荫下休息一会儿，她便趁此机会向他们讲关于耶稣的事情。由于一次跌倒摔坏了髋骨，因而不能到处走动了，她认为这是上帝暗示她应放足，于是，尽管已是70多岁了，她还是径自放了足，而当髋骨渐愈，她坐在自家院门外，好奇的人们瞪着她那一双奇怪的放开了的脚时，她就对他们讲关于"耶稣救苦救难的权能。"

1900年，当义和团运动酝酿期间[21]，王太太正在肥城县小教堂里。邻居要求教堂中人不要惹人注目，说："不要把书弄到外面卖了"，对此，他们接受了。当关于义和团的报告变得越来越令人可怕时，人们希望他们把教堂关闭，对此，他们也照办了。但是，当多数预示这场运动的实质的传言四起之时，许多人的心因此而震颤，他们强烈要求教堂拆掉"耶稣堂"标牌，教堂牧师同王太太商量是否答应这一要求，这位老太太斩钉截铁地答复说："不，永远不！那是我们的旗子"。

当我1910年2月14日写这篇短文时，王太太以86岁的高龄躺下来，平静地等待她的救主的降临。

王太太的两名女儿，长大成人后都同牧师结了婚，一个现已故去升天，另一个则是7位孩子的母亲，现正在她本人的村庄里的一所女校教书。

儿子王诚北，虽然早年未能受过很好的教育，但拥有良好的风度、优秀的天资和可爱的气质，已成长为一位有用的传播福音的牧师，深受同事的热爱和所有认识他的人的尊敬。在1900年义和团席卷全国之前，他一直忠诚地传教。当是年义和团风暴猛烈爆发时，他由于同我们数百人一起在北京开会，便躲进肃亲王府避难。他被组织起来进行自卫的一伙人推举为领导人。一天，在他率领他的同志阻挡一场特别猛烈的进攻时，被子弹击中腹部，12小时后死亡。

---

21 义和团运动酝酿期，实始于中日甲午战争后，至迟亦应在戊戌变法失败后，这里所说的1900年的"酝酿期间"，恐指清政府是年夏下诏宣布"招民成团"，对外宣战之前。

在他最后的时刻,我跪在他的身边——这是我令人悲痛的特权,他祈祷说:"耶稣基督,宽恕我的罪孽,接受我的灵魂吧"。

我们在泰安教会的牧师刘奇宪(Liu Chi-hsien)先生,是汇文大学(Peking University)的毕业生,也在抵御这次进攻中丧生,子弹打穿了他的头部,导致立即死亡。对于这些人,可以公正地说,在过去的日子里,"世人辜负了他们"。

王诚北的儿子们,有两个已毕业于京师大学堂,其中大儿子已通过了1909年9月政府在北京组织的专门考试,前往美国进一步深造;二儿子已成为基督教传教士,受命赴肥城县任职,他的父亲即是从那里到北京参加最后一次会议而殉难的。其他3个儿子现仍在校学习。他们是最初接受基督教37年间的第三代信徒。

虽然山东宣教区离我们的基地很远,但在1897年以前,传教士一直是每半年到那里访问一次,传教工作逐渐扩展到了济宁州、宁阳县、东平州、肥城县和泰安府。

我们强烈感觉到需要对山东宣教区进行就近管理,在这一宣教区进驻外国工作人员的问题也早经提出并讨论了多次,但直至1897年,才首次委任海诺(J. F. Haynor)牧师到那里去做宣教工作,次年任命朗顿(W. C. Longden)牧师为山东教区首席长老(Presiding Elder)。泰安府位于泰山脚下,地势较邻近城镇高些,在那里居住更有益于健康,因而被选作中心布道站(central station)。

妇女国外布道会(The Woman's Foreign Missionary Society,即美以美会女部)斯蒂瑞(A. E. Steere)小姐和医学博士巴罗(Mary Barrow)夫人,1898年到山东教区从事妇女工作,一人建了一所学校,另一人建了一所医院,但都是利用当地茅屋顶的旧建筑。

1899年,笔者和妻子刚刚休假回来,便被指派到泰安中心布道站工作,但翌年义和团运动爆发便离开了该教区和中心布道站,像中国大多数其他地区的情形一样,我们的建筑遭到抢劫,许多月份无人居住,但并未被毁坏。

日校早期即建立了,大多数信徒都上日校,由于他们出身于普通民众(现在入教的仍是普通民众),其中很可能100人中能阅读者不到2人,男信徒是这样,而女信徒中则完全没有识字的,由这样非常无知的人组成教会,看来几乎不可能建立起自立自传的教会组织。因此，1902 年在泰安为男人开办了一所寄宿中学（Intermediate Boarding-school），5 年之后，又加设了高中课程。

认识到极需安排男、女工作人员，故也办起了男、女圣经学校。我们确实需要一位受过教育的传道士做当地教会的领导人。除此之外，我们还需有一批真正意义上的作为先驱者的男信徒，他们要不怕扛着背包，徒步一个城镇一个城镇、一个村庄一个村庄、甚至是挨门逐户地走访，"讲述救世福音"。

我们在给予教育工作某些关注的同时，丝毫没有忽视精神方面的工作。事实上，我们一直力图提醒自己应把精神方面的工作放在首位，因为这一工作是其他所有工作的基础，舍此，其余的一切都是无用的，忽视这一工作我们的全部努力就是徒劳无功的。因此，除了有用的服务之外，我们一直坚持每年数次专门祈祷，以深化精神生活。有些祈祷一直是具有巨大的使人耳目一新作用的聚会活动，不过，我们相信在上帝恩光普照之前，这只是些许曙光，我们如饥似渴地企盼、祈祷上帝恩光普照大地。

统计资料

目前我们的全部设施，除了起初本地的茅屋顶和瓦屋顶旧式建筑外，还有3 处住宅，一座教堂，一所女医院和一所女校，这些均为外国式建筑。

我们的美国工作人员如下：

韩丕瑞（P. O. Hanson）牧师和韩丕瑞夫人，安赛恩（C. F. Ensign）医生和安赛恩夫人，以及母会（Parent Board）的鲍德温（J. H. Baldwin）医生、维里蒂（Geo. W. Verity）牧师和维里蒂夫人，妇女国外布道会（Woman's Foreign Missionary Society）的特里（Edna G. Terry）医生、马丁（Emma　E. Martin）医生、杨（Effie E. Young）小姐和鲍蒂（Estie Boddy）小姐。

当地的力量除 12 名出售宗教书籍的售书员外，有 4 名按立职员和 17 名未按立职员；58 所男校，55 名教师；13 所女校，101 名学生；3 名医助人员。

除上述提到的地区之外，我们还在东阿、莱芜、汶上州（Wenshangtsou）、兖州府（滋阳县）开展工作。

新入教者 631 人。[22]

---

22 原编者注：本文作者乔治·W·维里蒂（Geo. W. Verity）。

信义会史略与统计

1898 年，德国人在占领胶州 3 个月后，从中国租借了该地，租期 99 年，信义会即于此时派遣传教士到这一新开辟的地区。派到这里的第一批传教士是和士谦（Voskamp）、昆祚（Kunze）和卢维廉（Lutschewitz）。和士谦与昆祚先前曾在广东省客家人中分别工作了 15 年和 12 年。同他们一起前来的还有一位客家人牧师胡俊鑫（Hu Tschun Sin），但他未能学会新方言，不适应不同的习俗和环境，两年后便去世了。

据（德国）皇帝谕令，新教和天主教分得了相等的地盘。新教部分由信义会和同善会（Weimar Mission）两差会分用，同善会也进入了胶州。

第一个年头，他们学习中国官话，在德国士兵中履行神职，并在租借地政府给的作为教室的天后宫上层房间里教授中国年轻人德语。不久，华人居住区建了一座中国小教堂，租借地的朋友慷慨相助，在台东镇建起了另一座小教堂。

第二年，建了一所中心学校，讲授中国经典、算术、地理、物理、圣经故事和德语。历任总督罗森达[23]、已故的日刚[24]，以及都沛禄文[25]，多次到学校参观，海因里希（Heinrich）亲王和拜维瑞安（Bavarian）王妃，以及山东省高级官员也参观过该校。周馥（山东巡抚）阁下派人送来 1,000 银元，并附信表示问候。

第一批传教士们到德领地区内外乡村走访，和士谦西下，昆祚先生东进。胶州湾各渔村过去一直是匪徒作乱的可怖地区，德国租借胶州后，这些渔村才有了秩序与和平，并对传播福音持欢迎态度。卢维廉先生在即墨工作，那里有一秘密会社给德国人制造麻烦，他帮助恢复了和平，并负责那里新建的学校，设立了一所神学院，青岛的布道员训练班迁到了该院。卢维廉夫人医治了大量病人，并在莱阳新设了一处布道站。自卢维廉先生在即墨工作以来，胶州城里新设了一处布道总站。

先前在印度开展工作的"东方妇女布道会"（Morgenlaendische Frauen Verein），派出了与信义会有关的索尔（Kaethe Sauer）小姐，她不久即开办了一所女校，还在胶州湾西部乡村妇女们中间开创了良好的局面。索尔小姐开办

---

23 罗森达——Rosendahl，德国水师总兵，1898 年德国强租胶州后，任第一届总督，翌年去职。

24 日刚——S.Jaeschke，德国海军上校，1899 年继罗森达出任胶州总督，1901 年死于任所。

25 都沛禄文——Oskar Von Truppel，德国水师提督，于日刚死后继任胶州总督。

的女校现由两位女传教士负责，她们还掌管一个女布道员训练班和一所繁荣的幼儿园。布道是最重要的工作，各布道分站都由外国传教士和中国牧师进行。大鲍岛、台东镇和即墨都成立了基督教男青年会。

（德国）信义会青岛、胶州、即墨各布道站合计统计资料（1900 年）

传教士	6
其中已婚	5
独身女士	2
布道总站	3
布道分站	24
华人布道员（未受按立礼）	27
施洗信徒	817
1910 年施洗信徒	98
小学校	13
小学生数	257
语言夜校	2
语言夜校学生	50
女校	1
女校学生	52
工艺学校（女）	15
幼儿园	24
神学学生	24
小学、女校、神学院及中学教师	22
中学	2
中学学生	70
女布道员训练班	9
女布道员女校教师	4
医院	2
医治（均非住院病人）	2,976
基督教男青年会	3
基督教男青年会成员	350[26]

---

26 原编者注：本文作者和士谦（C. J. Voskamp）

同善会源起与山东事工概略（1898-1911）

本会由德国和瑞士神学家 1884 年组建于魏玛。组建这一教会，是打算把与差会利益尚无联系的德国和瑞士所有神学宗派的基督教人士团结起来，建立一个联合教会（Union Mission），并宣布信仰基督，正像福音书教导我们的，这是差会工作的唯一基础。然而，组建这一教会并非是要同已有的各教会竞争。

本会传教方针，主要目的是要在非基督教民族中，依赖他们中间已经流行的真理基础，传播基督教文明。我们要把福音带给他们，不是作为人类的智慧，而是作为神的启示；不是作为唯一的，而是作为完美的启示；不是作为一种新文化，而是作为信念需求方面的帮助；不是作为一种排他的教派，而是作为唯一救世主的证据；不是作为一种奇异教义大要，而是作为我们救世之神的一种行为；不是作为过去的一段历史，而是作为基督徒心中经历的一种神力。此外，本会计划把德国和瑞士那些在现有差会工作中还未能起到很好作用的大学培养的神学家们，召集起来。

本会已经确立的目标，是要派出受过训练的大学人员同非基督人民中受教育的阶层以及社会所有阶层建立联系。本会的传教领域是日本和中国。1885 年，已故花之安（E. Faber）[27]博士在上海加入本会，是为本会进入中国之始。

在花之安博士去世前的那年春天卫礼贤牧师参加了同善会工作，他第一年主要是做青岛德人社区的牧师，也制定了那里德人学校的规划和初步活动事宜。1900 年秋天[28]，高密人民因反对修建胶济铁路而遭难，同善会因此有机会帮助无知的乡民，并由此赢得了他们的感激之情。那次干预的持续而来的结果，是在高密建了一所医院，并同中国的县学合作，建起了一所小学，医院在很大程度上是由那里的人民捐献建起来的。有一位失明的中国富太太，由同善会里外国培养的中国医生进行手术，眼睛复明，因此对医院工作产生了兴趣，准许在高密一所院落里开办诊所。高密的外国传教士是布卢姆哈德（B. Blumhardt）牧师。本会在青岛的工作有三个分支：医院、学校和著述工作。由于本会的人力和资金十分有限，如果重复做其他差会所做的工作，而不是集中全部力量去做本会自始即尽可能有效地从事那方面的工作，似乎是不明智的。

---

27 原编者注：花之安博士一生事略详见"先驱与老战士"。
28 原作者注：义和拳乱期间。

因此，同善会与美国长老会之间达成一项谅解，把候洗者交给了青岛的本地教会。医院工作由福柏医院（Faber Hospital）[29]进行，该院是在文斯彻（Wunsch）医生[30]的主持下，为纪念已故花之安博士而建的。

福柏·克兰根浩司（Faber Krankenhaus）从这家医院分离出来，建了一所专为欧人治病的医院，该院现在一个独立团体的控制之下，同善会是这个团体的成员之一。青岛附近的一个村庄台东镇，有一个与福柏医院有关的诊所，现由一名华人医助经管。本会在这些医院中的布道工作，由舒尔乐（Lic.Schüller）牧师进行。

学校工作以礼贤书院（Deutsch-Chinesische Seminar）为代表，根据中国学部的规章，该书院学制三年。自青岛德国当局设立了特别高等学堂[31]以后，礼贤书院已有必要在某种程度上改变学习课程，以避免做同那所学堂相同的工作。

小学堂课程不设外语，主要强调学习中文文献，而后进入高等小学堂，学习四年德语和中文课程。学完这些课程之后，学生们即可随意到济南府去通过进入设在青岛的特别高等学堂的考试。不愿考试进入特别高等学堂的学生，可以读三年课程的师范学堂，师范学堂较中学堂为高。希望或迟或早将英语作为第二外语。礼贤书院在宗教方面不予强制，但学生们完全了解解基督知识，他们参加早祷。此外，那里实行常规礼拜日礼拜仪式，由监督（Director，亦即校长）经管进行，晚祷则由当地基督教教师和高年级学生率领进行。学生施洗后，如前所述，即加入青岛与美国长老会有关的当地中国教会。

1905年，开办了一所女校，由汉纳·布卢姆哈德（Hanna Blumhardt）小姐经办。该校学制六年，学生入校前由大鲍岛和台东镇（均在青岛附近）的两所日校进行3年基础教育。

著述工作

本会的出版物，除已故花之安的著作之外[32]，有下列一些：

卫礼贤牧师德文著述：

德华课本（Deutsch-Chinesische Lectionen），1卷；

29　即花之安医院，当地人习称福柏医院。

30　原作者注：文斯彻医生最近去世，深感悲痛。

31　名义上为中德合办，由清政府学部和德国海军部直辖，全称"中德合办青岛特别高等专门学堂"，又称"黑澜大学"，实际上经费主要来自德国。

32　原作者注：见其一生事略。

德华教程（Deutsch-Chinesisches Lehrbuch），3 卷；

常用汉字（Die Wichtigsten Chinesischen Zeichen），1 卷。

《论语》（Confucian Analects）翻译成了德语；为小学准备了一套中国文学课程，编写了算术课本。数套德国学校的教科书正在翻译，一部德英汉科学术语词典也在编写中。

统计资料

同善会德国新教差会，总部设在柏林，会长是神学博士、布道师钦德（Prediger D. Dr. a Kind）。

地址：德国柏林克罗尼斯特雷西（Kronestrasse）70 号。1885 年进入中国（山东）。传教士为：3 名神学家，1 位医学博士，4 名女士。

医院

青岛福柏医院（1909 年建），住院病人 432 名，门诊病人 2,262 名；

高密医院，住院病人 185 名，门诊病人 2,918 名；

台东镇诊所，治疗病人 6,761 名。

学校

青岛 3 年制高级中学（即礼贤书院），3 名外籍牧师，德国人，教授伦理学、宗教、历史、博物学、教育学、心理学；6 名中国教师教授西方科学、德语、算术、数学以至二次曲线、地理、物理、化学；4 名中国教师教授中国文学和经典。1909 年有学生 85 人。

高密有一所小学，11 名学生。

青岛女子高级中学，两名外籍女教师，教授德语、物理、健美体操、缝纫、绘画、音乐、算术；中国男、女教师各 1 名，教授宗教、算术、几何、地理、博物学；另有一名中国教师教授中国文学。1909 年有学生 43 人。

小学校两所，中国教师两名，学生 20 人。

瑞典浸信会[33]

瑞典浸信会派到中国的第一位传教士是文道慎（Carl Vingreen，又作文格林）牧师，他于 1891 年 3 月 21 日到达中国，1893 年开辟胶州为第一个布道站。

胶州城约 40,000 居民，所属村庄 1,080 个，乡村总人数约 365,000 人。

---

33 原编者注：本文作者任其斐。

1892 年，令约翰（J. E. Lindberg）牧师到达胶州，文道慎牧师由于健康原因回国[34]。1894 年，任其斐（J. A.Rinall）牧师和任其斐夫人及霍茨[35]来到这里。1899 年，帅德顺（John H.Swordson）牧师及夫人从蒙古来到胶州，加入本会。然而，他们于 1907 年离开胶州返回了瑞典。1903 年，倪典（David Edin）牧师和妻子来到中国，但因倪典先生患病，不久即被迫回国。1906 年，魏廉（E. Wahlin）小姐加入本会。1907 年，李安德（A.Leander）牧师到来，一年后同从国内来到不久的琳德斯绰蒙（Anna Linderstrom）[36]小姐结了婚。

1904 年，令约翰牧师和令约翰夫人转至胶州西南 140 华里的诸诚，那里的布道站是由他们建立起来的。同年，倪典牧师和倪典夫人与他们一起到了诸城，但不久即因健康原因回国了。

诸城城里的人口，大约同胶州城里一样多，全县 1,858 个村庄，总计约 530,000 人。

1905 年，诸城组建了第一个教会，成员 4 人。

瑞典浸信会在这一宣教区的第一个教会，是 1899 年在胶州组建的，当时有 6 名成员。现在（1910 年 1 月 1 日）胶州有了两个教会，成员 265 人，其中有 41 人于去年行洗礼。

1900 年，开办了一所日校，有 5 名学生；现在，胶州城里有男、女寄宿学校，乡村有 5 所日校。

1901 年，非教会中人（outsiders）帮助在胶州城里建了一座小教堂，后来，完全由中国人在本县建了两座小教堂。

1910 年胶州统计资料

传教士，男 2 人，女 3 人。

当地助教人士（helpers），男 10 名，女 2 名。

小教堂，7 座。

受洗礼者，330 人，其中 41 人为 1909 年施行洗礼的，现在有成员 265 人。

寄宿男校，1 所，学生 34 名。

---

34 第一段说文道慎"1891 年 3 月 2 日到达中国，1893 年开辟胶州为敌一个布道站"，这里似乎说他 1892 年即回国了，恐有误，或交待不清。如第一段说的不错，则这里应理解为 1893 年建立了布道站之后才回国的。

35 原作者注：现为令约翰夫人。

36 婚后中文名字李桂林。

寄宿女校，1 所，学生 23 名。

日校，5 所，学生 60 名。

1909 年教会捐献，250 银元。

瑞典浸信会诸城市道站[37]

在开始我们的报告之前，首先概要叙述一下我们对全县总体情形的简单考察。诸城古名密州[38]，数百年前改为现名。该县面积约为 7,000 平方英里。全县有大小 1,858 个村庄，划分为 33 个区域。估计全县人口为 500,000，到目前为止，绝大部分为农民。社会结构与爱尔兰或俄罗斯的地主制十分相像，即由地主和农奴组成。这里的土地非常肥沃，所以一年的好收成，足够全县人吃上 3 年。这自然极大增加了本县的财富，有势力的地主据说储藏有过去 20 年或 30 年的粮食。

富有之地，定然教育发达。诸城不仅有通常的孔庙，而且在城北面有一座文神（Literay deity）古庙，这位文神是该县先前的统治者，名叫苏东坡，生于公元 1036 年[39]。他是一位博学善诗的有德之人，除诗以外，还有其它作品，其中曲阜颜夫子庙中有一幅著名的卷轴，即出自他的手笔。当地人视他为一位伟大的诗人，自然为他感到骄傲。因此，这里的学校和教育自古即很繁盛。城中现已建有按新政体制规定的不同级别学校 5 所，较重要的乡村地区也建有数所学校。有些学生，已离开此地去日本留学。在以前的科举考试中，全县有很多人通过艰苦学习和天赋，或是通过捐纳取得功名。这些人中大部分在历代王朝任各级官职。在清代，亦有些人做了皇帝的师傅，逢戈庄[40]的刘墉，乾隆年间做过宰相[41]。然而，本地官吏的权力很大程度上操诸富人和学者之手。巴山（Pa-shan）、卢山（Lu-shan）[42]、五莲山（Uh-Lien-shan）[43]均是当地名山，其中尤以五莲为甚。五莲山上有座很大的庙宇，据说是为历代皇帝赏赐所建。

---

37 原编者注：本文作者令约翰。

38 实为密州治所，并非本名，本名原称东武，后改称诸城。

39 应为 1037 年。

40 逢戈庄（Pang-kutswang），在今高密市注沟镇辖区。

41 这里所说的"宰相"（Prime Minister），指刘墉有"大学士"头衔。清代以授殿、阁大学士为拜相，是以可称各殿阁大学士为宰相，实则为中央及地方资望特重官员之荣衔，与此前历代宰相不同。

42 原名故山。

43 现在 1947 年设置的五莲县境内。

泊里[44]、枳沟（chi-kou）和相州（Tsang-chow）是本县大市镇，每年有定期集市。

这里的宣教事业，过去几十年中由不同的教会承担。韦廉臣（Alexander Williamson）博士与另一位外国人，是大约 40 年前首批访问这一地区的新教传教士。后来，美国长老会的倪维思（Nevius）博士和郭显德（Corbett）博士大约在 20-30 年前偶而从烟台到这里访问。约 20 年前，北长老会在县城东北 10 英里处建立了一处分布道站。那里的工作很成功，现在已有 100 名成员，在那一带的乡区，建了数所农村学校。

大约在 1893 年底，福音会（Gospel Mission）[45]职员试图在诸城开展工作，但他们未能找到藉以开展工作的房屋，终于放弃了这一地区，转而去了西南部的泰安府。

义和拳起事前数年，有两个德国布道团，一个属天主教，一个为信义会（Lutheran），开始在这里布道。天主教在 1900 年义和拳起事结束后取得了极大成功；信义会目前这里没有外籍工作人员，但该会一些成员很可能要自己报告他们的情况，兹不赘述。

1904 年，瑞典浸信会在诸城建立了其第二个主要布道站。此前，该会工作人员自 1893 年以来多次到这一地区访问，宣讲福音，出售书籍。1904 年 5 月，令约翰夫妇首先在这里建起了新布道站，前一年已经在这里购得了一些中国财产。稍后，倪典（David Edin）夫妇于是年夏天来到这里，但由于健康原因，他们于次年离开新布道站，返回家乡去了。1908 年初，李安德（A. Leander）先生来此加强布道站的工作，但同年底他又转至胶州布道站，因而这一地区现又只有首批工作人员独撑局面了。

1906 年，建了一座新教堂，供前来聆听福音的人们之用。1905 年秋，开办了一所寄宿学校。同年底，由于缺乏一位适当教师，暂时停办，1908 年初，始成功地重新开办起来。1905 年，有 4 名本地人信教并接受了洗礼，同年组建了教会。自此以后，每年有数人受洗，以至现有成员 20 名。过去两三年间，雇用了两名本地女布道员（Bible-women），其中一位是年近 8 旬的老太太。胶州和其他地区的旅行布道者，年复一年前来帮助宣讲救世福音。美国圣经会

---

44 今属胶南市。

45 这里的福音会，不明国籍，据本书其他资料推断，似应为美国南浸信会的高第丕脱离登州浸信会后所组织的新差会组织。

（American Bible Society）支持的送经员（Colporteur），在本地散发了数千册圣经读本、基督教书籍和小册子。外籍和本地工作人员散播的和平与救世之音，远远超越了本县地界。巡回布道团在所有毗邻各县如胶州、高密、安丘、莒州、日照等开展工作，最远南至江苏边界。在县城西边的栗园（Liyuan）和县城北边的相州租借房子建了两处布道站。此外，几乎是定期去大量有集市的乡村讲道、散发书籍和基督教小册子，因此，成千上万的人有机会聆听基督福音。

热心的崇拜者们不常去庙宇的事实，证明这里的民众并非信仰宗教，而且没有发现任何宗教教派，尽管少数个人有宗教倾向。事实上，极少有能左右普通民众思想的事情，特别是在宗教方面。当代人们的呼声是："我们吃什么？"或是"我们喝什么？""我们到哪弄钱买衣服穿？"较上等社会阶层中，吸食鸦片和一夫多妻制非常普遍。因此，从人类的观点看，在基督教利益方面要取得任何重大成就，尚须花费很长时间。但是，只要坚持劳作，坚信上帝和福音的力量，将会为永久的天国在这块黑暗和贫穷的土地上获取好的收成。

诸城布道站 1910 年统计

受洗信徒 32 人

接受基督教教义者 10 人

捐献墨洋 33 元

英国圣公会山东传教史略[46]

山东英国圣公会布道事业，可以说始于 1874 年 10 月 3 日，这一天，文学士史嘉乐（Charles P. Scott）牧师和文学硕士林披基（Miles Greewood）牧师抵达烟台。他们是在 1874 年 7 月 2 日，由英国圣公会赞助离开利物浦，经美国和日本前来中国的。抵达烟台后，他们住进美国北长老会倪维思（Nevius）博士的寓所，并在那里学习了近两年时间的汉语。在此期间，他们还常至内地旅行。1876 年 7 月，接受当时担任英国圣公会华北教区主教的宁波陆赐（William Armstrong Russell，又名禄赐悦理）主教建议，他们在烟台西山（West Hills）租了一所房屋。先前，英国圣公会曾在当地市街上租了一间布道屋，1881 年以前，这间布道屋一直由该会租用。1878 年，史嘉乐先生和林披基先生首次到现为山东英国圣公会本部的泰安访问。同年秋天，在他们赴陕西帮助"华

---

46 1909 年以前称"安立甘会"。

北大灾荒"赈灾途中，史嘉乐先生和坎佩尔（Capel）先生路经泰安以西大约40英里的平阴，自那时起，该县已发展为山东英国圣公会的一个重要活动中心。1879年秋天，再次到泰安访问，并在那里布道、散发书籍、走访邻近城镇，度过了整个冬季。翌年5月，林披基先生在烟台为山东英国圣公会首位皈依者施行了洗礼。

陆赐主教1879年10月在宁波去世以后，为了组成当时已经存在的华北北部新教区，筹集了一笔主教捐赠基金，史嘉乐牧师被泰特（Tait）大主教任命为华北新教区主教。1880年5月，史嘉乐先生起程回英国履行就任圣职仪式，同年10月28日，祝圣仪式在圣保罗大教堂举行，泰特大主教主礼，另有8名主教赞礼。英国圣公会华北新教区包括北直隶、河南、山西、陕西、山东和甘肃诸省。

在史嘉乐主教赴英履行就任圣职仪式未归期间，林披基先生和坎佩尔先生再次到泰安访问，此次访问，林披基先生受到非礼待遇，被迫吁请泰安知府保护。1881年，史嘉乐主教由皇家海军随军牧师科复（C. J. Corfe）和3名学生陪同返回烟台，全部与林披基先生一起住进了"差会之家"（Mission House），稍后，林披基先生启程去了泰安。

1881年底，林披基先生在平阴与史嘉乐主教会合，他们一起在那里待到翌年3月，而后返回烟台，史嘉乐主教召开了一次会议，安排了他分管教区的牧师事务。这一年，差会从烟台西山迁到了东海滩东端的住所，即现在以圣彼得教堂（St. Peter's）著称的地方。

随后数年间，泰安和平阴的布道事业，在林披基牧师照管下取得了稳步进展。林披基牧师于1883年由卞方智（F. H. Sprent）先生陪同返回了中国[47]。卞方智先生1885年3月被授予圣职，这是新教区任命的第一位圣公会圣职。两年以后，卞方智牧师和伯夏理（H. J. Brown）牧师（1885年在烟台被授予圣职）启程去泰安和平阴，这次是永久性居留下来，随后即在这两个城镇和济南租了房屋，在平阴还租了用作教堂的房子，现在那里有数名受洗基督徒和慕道友。卞方智先生在此期间还在莱芜、泰安、肥城和平阴数县做赈灾工作。

此后，泰安、平阴及两地周围村庄的布道事业，先是在卞方智牧师、伯夏理牧师和艾立法（G. D. Iliff）牧师的照管下，后来则由马焕瑞（H. Mathews,

---

47 前面没有交待林披基何时、什么原因回国，从上下文看，应在1882年。

又名慕达理）牧师、格里菲思（F. G. Griffith）牧师和琼斯（F. Jones）牧师负责，均稳步向前发展，除了那时先驱布道工作的共同问题外，未发生任何特别事故。史嘉乐主教偶而到这里访问，**给受洗的信徒施坚振礼**，皈依受洗人数年复一年地大量增加。这些年间，也增添了相当多的宣教职员，尽管一些新来者住在北京，那里在 1904 年划分教区之前，一直是英国圣公会的总部所在地。

北京、天津、烟台以及威海卫等地的英国教堂的牧师，也都由圣公会职员担任，因此在相当程度上削减了专门用于本地宣教工作人员的数量。1895年 10 月 8 日，史嘉乐主教主持了圣安德鲁（St. Andrew）新教堂的奉献礼，这是该教区第一座，也可能是整个中国第一座行奉献仪式的圣公会教堂。那时内地唯一以外国风格建筑的教堂，是泰安的耶稣堂（Church of the Ascension），该教堂开放于 1894 年。泰安城在那时以及现在，都是当地工作的中心。

1899 年 12 月 30 日，卜克斯（S. M .W. Brooks）牧师在肥城县张家店（Changchia-tien）村附近被义和团杀害。卜克斯先生来中国仅两年，他在 1899年被授予圣职，负责平阴布道站工作。1899 年 12 月，他到泰安防问，当听说平阴周围发生骚乱，数起义和团粗暴地对待基督徒，并要毁掉平阴教会的财产后，决定立即返回平阴，去帮助独自留在那里负责布道站工作的马焕瑞牧师。他以生命为代价，显示了他对自己的职责和对同事的忠诚。当他行至离平阴约40 华里处，被一伙人抓住了。这些人剥下了卜克斯的外衣，并打伤了他，几乎一整天把他从一个村庄拖到另一个村庄，令他惨遭严寒和粗暴虐待之苦。当这些人在路边餐馆休息时，卜克斯试图逃脱，但很快被一个骑马的人抓住杀了，尸体被抛进附近的沟里。找回卜克斯遗骸和后来同官员们交涉的令人痛苦的责任，交给了马焕瑞牧师，这段时间对他来说，是极其危险和焦虑的时光。此次事件过后不久，马焕瑞牧师在家信中写道："一个月过去了，新任山东巡抚[48]已表示他意欲镇压义和团，前景比过去光明。我们觉得这在某种程度上要归功于卜克斯之死，他为履行职责进行了如此勇敢的斗争。由于他的遇害，北京的公使们得以更强硬地要求镇压义和团。因此，从真正意义上说，他为我们大家献出了自己的生命。麻烦依然存在，我们已陷入了反基督教的义和团对基督徒进行迫害的困境，因而很显然，我们不能不说，卜克斯为了他的朋友和他

---

48 指袁世凯。

的工作遭受痛苦，最终殉难。卜克斯的一生是辉煌、无私的一生。在我们看来，他似乎是刚刚开始工作，但上帝比我们看得清楚，谁能说他的死不比其活着更能为上帝增光？"

中国的官员们在卜克斯遇害的地方立了一块碑，后来，又立在平阴美丽的圣司提反（St. Stephen）纪念教堂，该教堂是为纪念卜克斯而修建的。

1900 年 6 月中下旬，由于爆发了义和团运动，人们认为有必要撤走泰安和平阴布道站的所有外国传教士。在到沿海去的旅程中，有许多其他美国和英国传教士。据说共计 21 名，包括孩子，6 月 21 日离开泰安前往济南，然后与其他许多传教士一起在山东巡抚提供的强有力保护下，乘船沿小清河至羊角沟，那里有一艘由美国长老会韦丰年（Geo. Cornwell）牧师带领的日本小汽船在等候，这条汽船是烟台美国领事包租的。由于恶劣的天气，旅途困难重重，耽搁了很久，但最终全体人员总算安全抵达烟台。这次营救工作没有人员伤亡，未发生严重事故，上帝保佑，多亏了美国领事有远见，包租了一艘汽船；多亏了山东巡抚沿途提供的保护；韦丰年牧师为了他的宣教师同道，不知疲倦的崇高努力，亦功不可没。

泰安和平阴布道站丢弃之后，无人管理，直到 1901 年春天琼斯（F. Jones）牧师回到泰安始恢复工作。平阴方面，在马焕瑞牧师休假回来负责之前，琼斯牧师有时到那里做短暂逗留。调查要求赔偿和集合基督教徒花费了大量时间，数月之久未能开展正常的布道工作。泰安的财产实际上完好无损，基督教徒也无一因遭受暴力死亡。平阴有一些个人财产被毁掉了，教堂用屋和住宅里的家俱被搬走和毁坏了，但尽管许多个人受到严重迫害，农村里的差会财产被毁，但这里和泰安一样，没有丧命情事发生。

1904 年七月，山东从华北教区分离出来，艾立法（G. D. Iliff）牧师受命为山东教区首任主教，1903 年 10 月 28 日，他在兰贝斯（Lambeth）[49]履行了就任圣职仪式。艾立法主教回中国后，即去了设在泰安的山东教区总部。在此之前，山东尚未开辟新的布道中心。新教区建立后所采取的第一个重要措施，是为培训当地工作人员设立了烟台神学院（Theological College at Chefoo），该院开办于 1906 年 6 月 11 日，琼斯牧师担任院长。为了向烟台神学院输送受过良好教育和具有杰出能力的生员，1908 年下半年，决定从泰安和平阴的教会

---

49 位于伦敦兰贝斯区，是英国国教大主教坎特伯雷的官邸所在地。

学校选出年龄较大的男生，去潍县广文学堂（Weishien Union College）学习，同时安排一些圣公会成员到该院工作。随后，（牛津大学）文学士考塞恩思（H. S. Cousens）先生于 1908 年 2 月率 11 名学生去了潍县。

1906 年 5 月，设在平阴的圣阿加莎医院（St. Agatha's Hospital）[50]正式开办，由雷白菊（Margaret Phillips）医生负责，库宁汉（Frances Cunninghan）医生和盖伊（Gay）小姐协助办理。兖州府还设立了一个布道中心，马焕瑞牧师主持其事。

1910 年 1 月这一时间，应载入英国圣公会史册，因为其时任命了该地首批本地工作人员，共计 4 名。他们都是烟台神学院的学生，早先均担任过布道员。1910 年 1 月 9 日，他们在泰安耶稣堂被授予会吏（Deacon）之职。

山东中国圣公会职员

英籍职员：

　　神学博士艾立法主教，泰安（指住地，下同）

　　马焕瑞牧师，马焕瑞夫人，兖州

　　烟台神学院院长琼斯（F. Jones）牧师，烟台

　　伯恩（A. E. Burne）牧师，伯恩夫人，威海卫

　　享特（J. W. Hunter）牧师，泰安

　　莫森（W. Grant Mawson）牧师、莫森夫人，平阴

　　司塔克（Ives Stocker）牧师，平阴

　　麦克欧文（B. M. McOwan）牧师，麦克欧文夫人，泰安

　　（牛津大学）文学士考塞恩思（S. H.Cousen）先生，广文学堂，潍县

　　雷白菊（Margaret Phillips）医生，平阴

　　库汉宁（Frances Counningham）医生，平阴

　　盖伊（Gay）小姐，平阴

本地牧师

　　高（J. Kao）牧师

　　毕（M. Pi）牧师

　　习（T. Hsi）牧师

　　冯（B. Feng）牧师

---

50 中文名称"广仁医院"。

山东英国圣公会本地工作统计[51]

	泰安	平阴	烟台	潍县	登州	总计（1909）
布道员	6	3	5	-	-	14
读经师	6	1	-	-	-	7
女职员	2	1	-	-	-	3
布道站	12	10	-	-	-	22
慕道友	61	51	-	-	-	112
注册受洗人	596	290	25	4	-	915
男校	6	3	-	1	-	10
女校	1	1	-	-	-	2
学生数						
男生	66	57	-	26	-	149
女生	27	14	-	-	-	41

英国圣道公会山东武定府事工

卫理新关系会（the Methodist New Connexion Section，亦作循理新关系会）即现在的圣道公会（the United Church）在本府的工作，始于 1866 年。我们的工作始于乐陵县（Laolinghsien）一个叫做朱家寨（Chujiatsai）的村庄，先驱者是已故英约翰（J. Innocent）牧师和郝甦廉（W. U. Hall）牧师，他们与一位叫胡恩弟（Hu Ngen Ti）的中国牧师联合开展工作。我们的布道站迅速成长，不仅在乐陵邻近地区，而且在毗邻各县如阳信、海丰[52]、沾化、滨州、惠民、商河等县很快建立了许多布道点。

以上所述，是本会在中国最初布道事业的一部分，这一地区工作所取得的巨大成功，激励着本会在其他地区做出同样的努力。

在这一地区定居的首批传教士是罗宾逊（J. Robinson）牧师、甘霖（George Thomas Candlin，又作坎德林）牧师和斯坦霍斯（Stenhouse）医生，斯坦霍斯医生 1878 年建立了乐陵医药布道会（Laoling Medical Mission）。

后来这些年间，邢滋（J. Hinds）、英约翰、德辅廊（F. B. Turner）、海德利

---

51 原作者注：本统计所列山东中华圣公会职员，均为本地中国人。译者按：登州（今烟台市蓬莱区）文中未曾叙及，本表亦无任何统计数字，不知何以单辟一栏。

52 今滨州市无棣县。

（J. Hedley）、叶德恩（W. Eddon）牧师，舒伯绍尔（Shrubshall）、马绍尔（Marshall）、琼斯（Jones）医生等，轮流负责医药布道会工作。

l903 年，这一地区成立了英国华北圣道公会（the English Methodist Mission of North China）山东教区（the Shantung circruit），但就在那一年，山东教区又分为两个支会：乐陵支会和武定支会。乐陵支会以最初驻地布道站朱家寨为中心，武定支会以现今的府城[53]为中心。

乐陵支会现由邢滋牧师负责，63 名中国布道员协助他工作。那里有 68 处小教堂和布道站，受圣餐信徒 909 人，慕道友 370 人。

乐陵中心布道站设有一所中学，12 名学生，支会各地还设有 13 所男校，现有在校生 168 名。

朱家寨布道站还十分成功地开办了一所女校，有 42 名学生，全部放足，受到良好的基督教教育和工艺方面的训练。该校现由德安义（Annie J. Turner）小姐负责。

乐陵医药布道会拥有一座设备良好的大型医院，内有分别为男、女病人用的病房。这所医院现由马绍尔（F. W. Marshall）医生掌管，每年接诊病人约 10,000 名。

武定支会现由埃叶德恩师负责，37 名中国布道员协助他开展工作。该支会有 81 处小教堂和布道点，受圣餐信徒 1,05l 人，慕道友 552 人。

有 l2 名学生的中学，现正在英诺森纪念堂（George Innocent Memorial Building）内开办，该堂是为纪念早些年在这一地区辛勤劳作、拥有良好前途的年青传教士建立的。武定支会还开办了 26 所男校，有 337 名学生

武定支会驻地的传教士的夫人们开办的一所女校，现已开学。

与武定支会有关的巡迴布道和医疗工作，现由医学博士罗伯逊（J. K. Robson）牧师负责。

本会打算在不久的将来，开办一家设施齐全的医院，具体事宜由巴克斯特（A. K. Baxter）医生负责。

本会原来所从事的一切，全部毁于义和拳之手。朱家寨的差会房屋以及医院、诊所、学校、小教堂等全部被捣毁，约 50 名中国基督徒被残酷杀害。

不过，这里的工作很快从义和拳迫害所造成的震颤中恢复正常了，而且重

---

53 即现在的惠民县城。

新建了更好的房子，教徒数量迅速增加，本会感到今天的情形比以往任何时候都好，并相信将来有望取得更大成功。

圣道公会山东教区各项统计数据：

传教士（男）	4
传教士（女，含传教士夫人）	6
中国布道员	100
小教堂和布道点	149
受餐信徒	1,960
慕道友	922
中学	2
学生	24
男校39	
学生	505
女校2	
学生	47
医院	1
诊所	4

每年治疗病人约 20,000

上述山东教区两个支会的工作归英国圣道公会华北区会（District Meeting of the North District of the English United Methodist Church）领导。

山东英国浸礼会史略

英国浸礼会在中国的工作始于 1860 年接管中国传教会（China Evangelization Society）[54]，霍尔（Hall）先生和古路吉（Kloechers）先生是浸礼会中国差会的首批传教士。

1858 年 6 月 26 日，额尔金勋爵订立的《天津条约》规定烟台为通商口

---

54 中国传教会，又称中国传道会、中国福音会，英国基督新教组织，属意向中国派遣传教士传播福音，创始于 1852 年，1865 年解散。另说该会为普鲁士传教士郭士立旅欧期间在伦敦创立，1860 年解散。郭士立 1851 年在香港去世，说该会是郭士立创建的，依据不足，至多恐怕是受其影响创建的。郭氏曾在伦敦创办《海外布道杂志》（*The Gleaner in the Missionary Field*），对中国内地会创始人戴德生影响极大。

岸[55]，该地即是浸礼会在山东开展工作的最佳选择。

霍尔第一个到了烟台，发现那里正流行霍乱，由于他懂得一些医学知识，当地急需他的服务。但可惜的是，他本人也感染上了这一可怕的疾病，在其到达那里还不到一年即去世了。

古路吉先生，一位荷兰人，在离开上海一段时间后，也到了烟台。古路吉夫人曾先他一步离开了上海，感染霍乱而亡。古路吉的女儿出生在上海，后来成为刚果会（the Congo Mission）本特利（Holman Bentley）夫人。

古路吉先生在中国工作了 5 年后，由于健康原因回到了他的祖国。然后，他一直热情地关注着在中国的浸礼会，他在荷兰做牧师的那个教会，经常为在中国的浸礼会捐赠资金。

古路吉先生在中国工作的一个结果是为一位名叫钟玉仁（Chung Yu-jen）的男士施了洗礼，钟玉仁成为与浸礼会有关的一个教会的首位本地牧师，他为这个教会忠诚有效地服务了 50 个年头。

古路吉先生还在一座内地城市建了一处布道站，该布道站建有一座小教堂。不过，这处布道站已转交给在山东的美国浸信会（American Baptist Mission）管理了。古路吉先生是首批在中国内地穿着中国服装开展工作的外国传教士之一，山东的一些外国传教士至今仍沿用他的做法。

英国浸礼会山东差会

1888 年[56]，骆腓力（Laughton）、麦克马洪（MacMahon）和经义德（Kingdon）先生加入了浸礼会。可是，麦克马洪和经义德先生不久即退休了，麦克马洪先生在英格兰一个教会谋取了牧师职位。骆腓力先生独自辛勤劳作了 7 年，在他曾参与训练的中国钟牧师及一位姓孙的布道员的帮助下，继续推展工作，在寒桥（Hankiao）开辟了另一处布道站，并在那里建了一座小教堂。这一布道站的工作也移交给了美国南浸信会，该会总部那时设在登州府（Tengchowfu），从那里更便利对这处布道站进行管理。

骆腓力先生 1870 年在烟台去世，那时李提摩太（Richard）先生刚到那里 4 个月。就在骆腓力先生去世那天，天津教案的消息传到烟台。

李提摩太和布郎先生于 1870 年同年到达烟台

威廉·布郎（William Brown）医生医术娴熟，在其他方面也很有能力。他很快掌握了简单中文，并迅即开始了医疗工作，由钟牧师帮助其克服语言勾通方面的障碍。他还培训出了几名中国医务人员，其中主要的是钟牧师和李先生；李先生后来成为曾一度极端排外的黄县（Huanghsien）城里的外科医生，对在那里组建教会帮助极大，该教会现也归美国南浸信会管理。另外，布郎医生还在烟台建了一所医院，该院最近仍在开办，由烟台的医疗官员负责。

由于与在英格兰的母会发生某些误解，布郎医生 1874 年脱离浸礼会，去了新西兰。

李提摩太先生在山东和满洲数次旅行之后，决定在山东的青州府（Tingchowfu）定居。他是 1875 年到青州住下来的，自此那里就成了浸礼会在该地区工作的中心。

李提摩太先生的这一决定，已被再三证明是明智的。

烟台邻近地区的工作，部分移交给了美国南浸信会，后来，宁海（Ninghai）和福山（Fushan）为中国内地会（China Inland Mission）恢复，所以，不管怎么说，浸礼会传教士们早期在那一地区的工作并未白做。

李提摩太先生发现青州府郊区有许多当地宗教中人追寻上帝，他很快即把全部时间用于指导和引导这些希望得到教导的人们走向更完全的光明之地。他进行悔罪、感恩、祈祷服务，邀请那些虔诚的人来参加。这些服务在三个地区进行，那些聚集而来参加的人约有 600 名。参加这类聚会的人大部分要

---

56 从有关史实及本资料下文所述内容推断，此应为 1868 年之误。

求从书中得到进一步指导，特别是为他们编写的、适合他们需要的书。这样的书是用来记忆的，因此就在各地建立了一些或许可称之为基督教成人学校（Christian adult school）。那些已经学习过的人很高兴再教其他人，男的教男的，女的教女的。

1877 年，由于山西可怕的大饥荒，李提摩太先生离开山东去了山西，自那以来，他与山东英国浸礼会再也没有关系了。

仲均安（A. G. Jones）先生

1876 年加入浸礼会，开始在烟台学习汉语。他学了还不到半年，1877 年那场可怕的饥荒就爆发了，他立即应召投入了艰难困苦而又极其危险的"赈灾"工作。

李提摩太先生和仲均安先生一起在山东救济了约 70,000 人后，奉召至山西赈灾，据说那里数百万人死于饥饿。这样以来，山东便剩下仲均安先生一人独自工作了，他手里约有 600 名孤儿。他把这些孤儿集中到学校里，供给吃住，并教导他们，直至这些人能够自食其力为止。这些孤儿中一些比较聪明的，则送到设在登州的美国长老会学校，其中有些已成为美国长老会的最得力助手。仲均安先生不仅承担了这些责任，而且指导一个本地教会迅速成长起来，由于他的远见和组织技巧，该教会已经成为一个充满热心和热情在他们自己人中建立"天国"的自养、自传的独立教会了。后来浸礼会现行布道政策的确立，以及邹平（Tsowping）地区工作的大幅度拓展，都应归功于仲均安先生的远见、技巧和经营能力。

1905 年 7 月 17 日，仲均安先生在泰安度夏中去世。当时，他住在一座庙里，一场大暴雨造成山体滑坡，他所住的那座庙被完全掩埋了。

基德思（Kitts）先生

1879 年加入浸礼会，工作了约 5 年时间，从事慈善医务工作；而基德思夫人则从事妇女方面的工作，她在妇女们中间所做的工作是值得珍重的。

怀恩光（Whitewright）先生

1881 年参加浸礼会，他努力精通了汉语，并很快为稳固和扩展差会工作做出了卓有成效的贡献。他主持圣道学堂（the Theological Training Institute,）即后来的葛罗培真书院（the Gotch Robinson Memorial College），训练了 100 多名男牧师、教师和布道员。1904 年，怀恩光先生转至济南府，开始了在那里高级职位上的工作。

秀耀春（James）先生

1883 年加入浸礼会，在青州府中国人的教会中做了大量非常有效的工作，后来又在济南府与官员们建立了联系，开辟了那里的工作。由于观念改变，他于 1892 年脱离了浸礼会，1900 年在北京命丧"义和拳"之手。

邹平

在邹平建立布道站并把那里作为一个工作中心，始于 1888 年，随后逐步扩展，在周围十三个县设立了分布道站。

然而，那些分布道站后来分离出去了。

1889 年，饥荒广泛蔓延，造成极大灾难。我们的差会与美国北长老会一起共计有 20 名外国职员，负责赈济山东中部和北部约 320,000 人。这一巨大工程的资金主要由伦敦市长官邸提供。捐助来自世界各地，浸礼会本部为这笔资金提供了约 4,000 英磅。全部捐助资金总额达 40,000 英磅。

1890-91 年母会派来的代表

1890-91 母会派来的代表是神学博士格洛弗（Richard Glover）牧师和莫里斯（T. M. Morris）牧师。除访问山西省外，他们还在山东逗留数月。在此期间，与他们的访问有关联的著名事件，是青州府地区的 6 名牧师调拨出该地区，那里的本土教会是这一事件的主要支持者。

葛罗培真书院

葛罗培真书院建于 1894 年。先前，学生们在圣道学堂（the Theological Institute）接受训练，这些学生已经走上了牧师、教师或布道员的岗位。原圣道学堂的房屋不敷使用，且很不方便，由于布利斯托尔（Bristol，英国港市）的罗宾逊（Edward Robinson）先生慷慨捐助，建了新楼房，自那时起即成为与山东基督教大学（Shantung Christian University）联系起来的神学院了[57]。

男、女寄宿学校

男、女寄宿学校设在青州府，男校建于 1894 年，女校建于 1897 年。现已有 70 名男生和 40 名女生接受了中学程度的教育。

57　此说有些夸张了。美国长老会与英国浸礼会合作正式创建山东基督教大学，始于 1904年，虽拟定以葛罗陪着书院为基础设立神学院，但直至这时神学院并未正式成立。

1898 年的黄河决口

1898 年的黄河决口，导致了诸如铺路、修桥及筑堵河坝等赈灾工作的开展；通过开展这些工作，不仅受灾的人们得到了救济，而且为这些人及其他人带来了永久性的利益。然而，后来山东省政府接管了这些工作，传教士们几乎没什么事可做了。

1900 年爆发的义和运动

1900 年爆发的义和团运动，自然严重影响了差会的工作。差会所有外籍职员都被迫撤离至沿海地区，本土教会则经受了极为严峻的冲击。有些人丧命，另外一些丧失了财产，而许多人则放弃了信仰。除了其他方面的严重影响不计外，即在数字统计上看，说教会 10 年时间尚未恢复到原来水平，并不过分。浸礼会的教产虽未被破坏，但却遭受了严重抢劫。幸运的是邹平城里新建的小教堂，以及城外新建的医院和诊所那时还未竣工，在县令的保护下，没有毁于义和团之手。青州府的教产，也是虽遭抢劫，但却未被毁坏。

合会学局（the Shantung Union College）58

与美国北长老会联合办教育始于 1904 年。尽管先前已做了几个月的初步工作，但合会学局在潍县正式成立是 1905 年春的事。设在潍县的学校有山东基督教大学（the Shantung Christian University）文学院（the Arts department）59的学生 200 名。由于学生现已增加到 300 多名，校舍近来一直在扩建。

联合办学计划不仅已在教育工作方面取得了显著成就，精神方面，美国北长老会牧师丁立美（Ting Li-mei）于学生们中间所做的专门服务也取得了明显效果，显示出很好的发展前景。

广智院

在济南的广智院（the Christian Institute）已建成另一新机构（another new departure），由山东巡抚于 1905 年开始兴建，1906 年竣工，耗资 6,500 英磅。除了一座讲堂设在济南西郊，城外西边军营附近为在士兵们中间专门开展工作所设的另一处布道站外，大量辅助设施现还在兴办中。

广智院（the Institute）里的博物馆（the Museum）每年吸引了成千上万的人到这里参观。

---

58 山东基督教大学最初的名称。
59 亦称文理学院、文科、文理科。

北镇（Peichen）

北镇现为山东浸礼会北区教会（the Northern Association）[60]工作的中心地，大约设于 1905 年，现由赵诚（Greening）和克林森（Castleton）先生负责。

周村（Chowtsun）

周村自 1906 年以来，即成为山东浸礼会南区教会（the Southern Association）[61]工作的中心地，现由商德成（Smyth）先生和胡伟思（Harris）先生负责。一所学院（Institute）以及男、女学校都正在建设中。

医务工作

山东浸礼会的医务工作以青州府和邹平为中心，已开展了多年。最近又在青州府兴建一座新医院。邹平的医院建于 1900 年，至今已扩展了许多。青州府和邹平两个医务中心年均诊治病人 16,000 名。

新医学院（New Medical College）

在济南府新建了一所医学院，该院是山东基督教大学（Shantung Christian University）的一个分支机构，由山东巡抚于 1911 年 4 月 10 日正式揭幕开办。

1907 年的代表团

1907 年，母会派一个代表团来中国，逗留了约 6 个月时间，访问了陕西、山西和山东三省。代表团的成员有伦敦协会秘书长（General Secretary of the Society in London）、文学士威尔逊（C. E. Wilson）牧师，伦敦下院议员、莱斯特（Leicester）市的福勒顿（W. Y. Fullerton）牧师。这次代表团的访问，极大地加快了浸礼会在中国工作的进展，对消除伦敦下院以及英国全体选民的偏见极为有效。

英国浸礼会山东统会四大段（即四大教区）统计（1910）

	东大段	北大段	西大段	南大段	总计
传教士夫人及妇女助手	5	2	3	3	13
自立教会牧师	5	2	3	2	12
华人助理牧师	7	6	3	3	19
布道员	11	5	6	4	26

---

60 时称山东浸礼会统会北大段，统会成立于 1910 年。

61 时称山东浸礼会统会南大段。

日校教师	48	26	14	7	95
布道站和布道分站	104	108	45	34	291
去年受洗礼者	122	150	87	65	424
去年接收其他人员	15	3	2	3	23
本年自然减员	85	64	21	13	183
教会成员总数	1,734	1,246	711	551	4,242
男日校学生	501	300	144	94	1,039
女校	-	-	-	-	23
学生	-	-	-	-	240
女校[62]	-	-	-	-	1
学生	-	-	-	-	47
主日学校女生	40	-	-	-	40
主日学校男生	256	-	-	-	256
主日学校教师	15	22	-	-	37
大学学生					
师范科	127	15	32	-	174
医科	18	-	-	-	18
捐助资金（英磅）	68.2	89.69	33	23.89	213

山东浸礼会职员统计（1910）

潍县

牛津大学文学硕士白向义（Ernest W. Burt）牧师与白向义夫人（1892 年）[63]。理学士惠恩普（Harold G. Whitcher）牧师与惠恩普夫人（1906 年）。

青州府

伦敦大学文学硕士卜道成（J. Percy Bruce）牧师和卜道成夫人（1886 年）[64]

---

62 应为女子中学。

63 指来该宣教地时间，下同。

64 卜道成 1886 年来青州，后一度出任齐鲁大学校长之职，1925 年回国，就任伦敦大学汉学教授。卜氏对朱熹哲学颇有研究，著有《朱熹理学入门》（Chu His and His Masters）一书行世。

聂德华（E. C. Nickalls）牧师与聂德华夫人（1886 年）。

达勒姆大学医学士、英国皇家外科医师学会会员、剑桥大学哲学博士武成献（J. Russell Watson）牧师与武成献夫人（1884 年）[65]。

伦敦大学文学硕士梅德立（Frank Madeley）牧师与梅德立夫人（1897 年）。

神学士富世克（George William Fisk）牧师与富世克夫人（1908 年）。

利兹大学文学士格林宁（Edward Baptist Greening）（1908 年）。

神学硕士、外科医学士、神学医学博士、英国皇家外科医师学会会员范明礼（William Fleming），（1910 年）。

护士罗秀兰（Margaret F. Logan）小姐（1910 年）

奥尔尼（Susie K. Olney）小姐（1910 年）

周村

商德成（Edward C. Smyth）牧师与商德成夫人（1884 年）。

胡伟思（James Symonds Harris）牧师与胡伟思夫人（1908 年）。

差会建筑师佩利姆（G. H. Perriam）先生（1909 年）。

邹平

爱丁堡大学医学士、外科医学硕士巴德顺（Thomas C. Paterson）与巴德顺夫人[66]，（1892 年）。

潘亨利（Henry Payne）牧师与潘亨利夫人（1905 年）。

北镇

赵诚（A. E. Greening）牧师与赵诚夫人（1897 年）

克林森（A. G. Castleton）牧师与克林森夫人（1905 年）

济南府

怀恩光（John S. Whitewright）牧师与怀恩光夫人（1881 年）

惠特赖特（Alfred R. Whitewright）先生[67]。

郝复兰（Frank Harmon）牧师与郝复兰夫人（1887 年）

医学博士沃森（ E. A. F. D. F. von Werthern）男爵与沃森男爵夫人（1908 年）

法思远（R. C. Forsyth）先生与法思远夫人[68]（1884 年）。

---

65 原作者注：武成献夫人 1911 年去世。

66 原作者注：巴德顺夫人 1912 年去世。

67 未注明来宣教区时间，似应为怀恩光之子，其时尚未在教会任职。

68 原作者注：法思远先生已退休。

山东英国浸礼会女布道会史略（1893-1911）

在浸礼会 1891 年派遣格洛弗（Glover）博士和莫里斯（T. M. Morris）牧师浸礼会代表团到中国访问之后，格洛弗博士即强烈要求伦敦的浸礼会女布道会委员会派出单身女士，到浸礼会山东宣教区的妇女和姑娘们中间去工作。作为这一要求的结果，1893 年秋季，沙尔德茨（Shalders）和柯克兰德（Kirkland）小姐奉派到了青州府。

学习了一年语言之后，由于中日之间爆发了战争，我们不得不离开我们的布道站。这是一个严重的中断期，我们返回布道站后，又疾病缠身，很长时间才得以康复。

布道工作的起始与寄宿学校

1896 年春秋期间，妇女们休假 10 天。由于卜道成（Bruce）夫人休假，沙尔德茨、柯克兰德和格雷哥（Greig）小姐加入了我们工作的行列，帮助这里以及乡村的工作。法思远（Forsyth）夫人帮助开办了 7 个村庄的女校。

女布道会的各个新建筑，建于 1898 年，包括住宅、40 名女孩的学校食宿设施，以及妇女班的屋子；沙尔德茨小姐开办了一所有七名学生的寄宿学校。然而，这所学校由于沙尔德茨小姐生病，1899 年又关闭了。

1899 年秋天，我们迎接文学士辛弗顿（H. Sifton）小姐来这里工作，1900 年又迎接雷德（Reid）小姐的到来，可是雷德小姐几个月后因义和团骚乱返回了家乡。义和团骚乱令人悲恸地切断了我们工作的历史。1900 年 6 月，我们被迫离开了布道站，直至 1902 年 3 月才返回。

西安府的贝金赛尔（Beckingsale）小姐，因义和团骚乱不能返回陕西，伦敦总会要她在 1900 年 11 月重开寄宿女校，她从邹平和青州府为该校招收了 38 名学生。她在这里留了一年后才返回陕西，那时辛弗顿小姐已熟练掌握了汉语，准备将学校接管过来。

1905 年，我们欢迎舍普卫（Shipway）夫人和沃德（Ward）小姐的到来，数月之后，舍普卫夫人即离去，同伦敦会的威尔斯（Wills）博士结了婚。

1906 年，古德蔡尔德（Goodchild）小姐来到这里，1907 年辛弗顿小姐离开此地休假，其时柯克兰德小姐负责寄宿学校数月，直至沃德小姐通过第二年的考试，接替辛弗顿小姐的位置。1907 年秋天，伦敦总会名誉成员鲍瑟（H. C. Bowser）小姐和凯普（E. G. Kamp）小姐访问了我们，伦敦总会受女布道工作者及中国朋友们的高度重视。

1907 年 11 月，威克斯（Weeks）小姐来到，在柯克兰德小姐 1909 年 2 月
离职休假之后，接替了乡村工作和乡村女校的工作，直至柯克兰德小姐 1910
年 10 月休假回来工作。

邹平

1894 年春天，辛普森（Simpson）小姐和奥尔德里奇（Aldridge）小姐来
到邹平，她们尽可能快地着手帮助妇女班，而后又到乡村去，在妇女们中间开
展工作，并在浸礼会那一大片土地上开办女校。

蒂梅丝（Timmis）小姐 1900 年来到邹平，但由于义和团骚乱而奉召回国
时，在返回家乡的途中，患伤寒病于科伦坡去世。

辛弗顿小姐休假返回后，沃德小姐转至邹平，她已被委任负责那里的寄宿
学校。但因购买土地困难而延迟了开办，故在 1911 年 2 月离去休假之前，一
直做乡村工作。

1910 年青州府统计资料

传教士，4 名：柯克兰德小姐、辛弗顿小姐、古德蔡尔德小姐、威克斯小姐。

寄宿学校，一所，学生 41 名。

乡村学校，10 所，学生 113 名。

布道总站办班，5 个，参加听讲人数 96 名。

布道分站办班，8 个，参加听讲人数 200 名。

女布道员，4 名（拿薪），数名志愿者。

1910 年邹平统计数字（约计）

传教士，3 名：辛普森小姐、奥尔德里奇小姐、沃德小姐。

寄宿学校，一所，学生 26 名。

乡村学校，10 所，学生 81 名。

布道总站办班，3 个，参加听讲人数 90 名。

布道分站办班，8 个，参加听讲人数 254 名。

女布道员，17 名。

山东中国内地会

山东中国内地会的工作，几乎一直局限在烟台一地，并且集中在学校和疗
养院方面；尽管所做的各种努力都是为了帮助满足许多当地信徒和公务人员

精神上的需要，但内地会并不具有一个常规差会的特点。

疗养院

1879 年春季，戴德生（Hudson Taylor）先生到烟台访问，结果对他的身体大有益处，于是他向内地会的其他病人推荐了这个去处。结果，其他病人也都获益非浅，因此就建了这一为接收和照料那些需要这种疗养的专门建筑，目前，约可供给 40 位传教士的膳宿。到这里来疗养的人，实际上只有一小部分是病号，其余大部分，有的只为了来享受干爽、令人振奋的海风，而有的则只是选择夏季到这里住几星期，在署假里接近他们的孩子，同孩子们呆在一起。

内地会在烟台的最初一些年间，所设疗养院是各种公共生活的中心，所有集会、宗教或社会等活动都在这里举行。但随着时间的推移，学校的数量增多，学校的重要性增强了，这种情形就完全变了。在早些年间内地会成员心目中，烟台就意味着疗养院，而现在，无论从人员数量还是在人们心目中的份量，烟台是学校的念头都远远超过了是疗养院的念头。

学校

开办学校，起初完全是一种非正式的方式。1880 年，一位职业男教师埃利斯顿先生（Mr. Elliston）给祝德（Judd）先生的儿子们上一些常规课程，其他父母随之也要求允许送他们的孩子来听课，这样就有了学校的雏型。头两年，这所学校是男女同校的日校，接下来又开始收寄宿生。1883 年，建了分班级的学校，男、女生都收，但不住校。1885 年，男、女生分开教学，从这时起就建立了一套严格的体制。1895 年，在通伸开设了一所不足 10 名男女生的小学，地址为以前苏格兰长老会（the Scottish Presbyterian Mission）的房产[69]。

从许多方面讲，这所分离出去的学校[70]的位置都是不合适的。1900 年，购买了家庭旅馆（the Family Hotel），经对旅馆内部重新做各种调整后，就成了办一所小学的优秀建筑了。或许下面的陈述有助于清楚了解内地会在烟台开办学校的目的和办学的水平。

1. 学校起初是为传教士们的孩子开办的，不接收中国人和欧亚混血儿。

---

69 原作者注：通伸——Tong-Shin，是一个村庄，在毓璜顶——Temple Hill 以西约一英里地方——原作者注。

70 原作者注：离其他学校约 3 英里。

2. 这些学校不是为公众开办的，无意收取碰巧到校学习的非传教士孩子们的学费以支持办学。

3. 学校的所有员工，包括教师、女管理人员、音乐教练以及仓库管理员等，都是内地会成员，他们主动长期为办学提供服务，或志愿不定期提供服务。

4. 男生 16 岁、女生 17 岁时，必须离校，在这样的年龄，本会希望他们的父母完全承担起他们进一步受教育的责任

5. 我们所做的每一项努力，都是为了保证学校体制的完善和现代化，为了保证学生们身体健康和正常的精神生活。

山东中国内地会工作的其他主要特点，是开办了一所为需要特别照料的传教士及其子女们服务的医院。这所医院有一位受训护士，一名驻院医生。1901 年，在疗养院大院南面的山上建了一座隔离医院（Isolation Hospital），收治传染病病人。

烟台也有一处本地医院和药房，每年门诊病人 10,000 名，收治住院病人200 名。

约 300 名学生和工作人员，需要有专门的服务设施。疗养院有自己的仓库、面包房、洗衣房、冰库以及木工房。

鲍康宁（F. W. Baller）[71]先生尽管与学校或疗养院均无关系，但多年来居住烟台，从事文学和翻译工作。他是专门编定官话本圣经的修定委员会成员，数年来署期一直是在烟台。

学校及职员、学生资料[72]

男校职员

麦卡西（F. McCarthy）先生和麦卡西夫人

穆瑞（E. Murray）先生

埃尔悌（H. J. Alty）先生和埃尔悌夫人

文学硕士李（H. A. H. Lea）牧师

泰勒（A. F. Taylor）先生

沈德逊（Sandson）小姐

薄西（Perce）小姐

普威尔（Powell）小姐

---

71 鲍康宁，内地会成员，当时较有名气的汉学家。

72 原文无标题，此标题为译者所加。

女校职员

  海沃德（Hayward）夫人[73]

  穆瑞（E. Murray）夫人

  菲舍（Fishe）小姐

  泰勒（Taylor）夫人

  威尔逊（Wilson）小姐

  毕尔思（Pearse）小姐

  史密斯（Smith）小姐

  舍普沃德（Sheppard）小姐

  格瑞（Gray）小姐

  易文思（Ewens）小姐

预备学校职员

  布兰克摩尔（Blankmore）小姐

  罗伯珊姆（Robtham）小姐

  曲丁歌（Trüdinger）小姐

  爱尔卓治（Eldrige）小姐

  沃伦（Warren）小姐

  尤娜文（Unwen）小姐

  瑞利（Riley）小姐

  福勒（Fuller）小姐

男校学生 112

女校学生 80

预备学校学生 87

全部学生总计 279

医务负责人

  郝格（Hogg）医生

驻院护士

  怀特（White）小姐

学校（括男、女校和预备学校——译者）秘书

库尔萨德（J. J. Coulthard）先生

---

73 原作者注：暂时的。

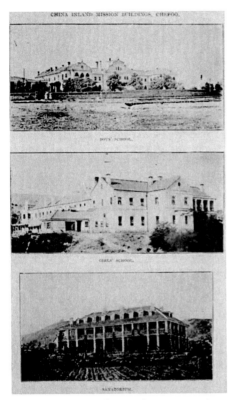

烟台中国内地会建筑。左上图：男校、左中图：女校、左下图：疗养院、右上图：威海卫弟兄会讲道堂、右下图：青岛信义会建筑。

关于宁海州（Ninghaichow，今烟台市牟平区）的情况，祝德（C. H. Judd）先生和祝德夫人在本书"先驱与老战士"部分已有汇总报告。

弟兄会山东东部事工概略

1889 年秋，苏格兰彼得赫德（Peterhead）的司蒂芬（Stephen）先生和司蒂芬夫人开启了本会在这一地区的工作，司蒂芬夫妇现在内蒙古工作。上海的蔚霞（Thos. Weir）先生最先向司蒂芬先生指出了这一地区的需要，司蒂芬经过对这一山东海岬之地的多次访问之后，确定把石岛（Shihdao）这个东南海岬繁荣小镇，作为在那里的人民中间启动我们工作的地方。先来的工作人员，需要在已经开辟布道站的地方学习一些语言知识，我们首先开辟了石岛布道站，而后才着手威海卫的工作。威海卫布道站是由凯斯（Case）医生于 1892 年夏建立的，同年秋，道森（J. C. M. Dawson）先生和道森夫人到那里定居。

1898 年以前，尽管工作人员的数量稳步增长，但许多年间却没有建立新的布道站。是年，布克斯鲍姆（C. H. Buxbaum）先生到文登县（Wentenghsien）定居。我们的三处布道站，虽然工作人员不仅经常变换，而且数量由于许多人不时流动各地工作而大大减少，只有凯斯先生和威尔逊（J. Ward Wilson）先生及威尔逊夫人留在那里，但该处工作在某种程度上说，却一直没有中断。

数年之后，史密斯（H. Sydney Smith）先生在一个叫观夏家（Kwanhsiakia）的村庄建立了另一处布道站，该村离威海卫 70 华里，威海卫周围有很多基督徒。在这一地区内有约 150 名或更多基督徒，分布在 50-60 个村庄。

石岛

1889 年，司蒂芬先生和司蒂芬夫人在这一港口城镇开始工作，后来，1890-1892 年间，其他一些工作人员，像穆恩姐妹（Misses Moon）、凯斯医生、道森先生和道森夫人、威尔逊先生和威尔逊夫人等参加了进来。

1892 年，在经过了严格考试后，为第一个皈依者施了洗礼，时至今日，这位信徒一直是福音救世和大能的见证。

1893-1894 年间，郝格（C. F. Hogg）先生和郝格夫人到石岛定居，继郝格夫妇之后，穆迪特（Mudditt）先生和穆迪特夫人也来此定居。郝格先生这一时期对这里的工作帮助极大，他的教义问答手册——《天堂指路》（The Golden Compass），不仅在我们传教区广泛使用，帮助了许多人，而且在中国其他地区也都大量使用。

自此以后，许多其他工作人员先到这里工作几年，然后再到其他布道站去开展工作。

石岛以及我们这里的其他布道站，都不同程度地采取巡回布道工作方式，访问许多集市，在那些地方出售书籍，宣讲上帝仁慈福音。春季，无论石岛还是威海卫，都有专门在渔民们中间开展工作的机会。在春季打鱼的季节，我们在大街上设有讲堂，每天都做演讲，许多来自山东各地的渔民来聆听生命福音（Word of Life）。目前，石岛留下来的工作人员，仅有李克（Leach）小姐和爱克斯（Akers）小姐。石岛教会共有 15-20 名成员，尽管他们当中有些人不常来参加我们的会议。

文登县

文登县的工作是由布克斯鲍姆先生 1898 年开创的。这里的工作，从一开始就困难重重，因为那里居住着大批文人学士。

1902 年，普莱斯（H. Price）先生和普莱斯夫人[74]到这里居住。在他们呆在这一艰难地区的时日里，施医施药，每天在讲堂宣讲，更多地进行巡回布道，但这一切都收效甚微。

1904 年，希尔（E. N. Hill）先生和希尔夫人[75]到文登与普莱斯夫妇一起工作，但由于希尔夫人疾病的原因，他们在那工作没多久就离开到威海卫去了，一直在那里工作至今。

ASSOCIATED INDEPENDENT WORKERS OF GERMAN MENNONITES FROM U.S.A. TSAOHSIEN.

美籍德国门诺教徒联合独立工作人员

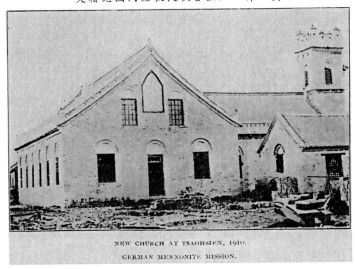

NEW CHURCH AT TSAOHSIEN, 1910.
GERMAN MENNONITE MISSION.

德国门诺教徒 1910 年曹县新教堂（按：德国门诺教徒，来自美国，自命自己传教组织的名称为"光明与希望会"）。

---

74 原作者注：现在在江西省南昌府。
75 原作者注：原在海峡殖民地（Straits Settlement）。

泰安美以美会

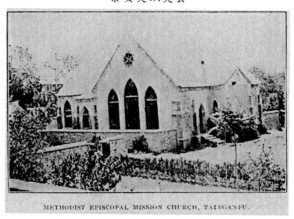

泰安府美以美会教堂

文登现由 1904 年来的布里奇（Jno. E. E. Bridge）先生主持那里的工作。他在其为上帝服务过程中受到了鼓舞，而且无疑在不久的将来会看到更多收获。

文登布道站本部仅有少数几个基督徒，但在离文登城较远的一个乡村还有一些教徒。

威海卫

威海卫的所有工作都是凯斯先生和道森先生 1892 年到来之后开始的。在中国军队和中国军团（the Chinese Regiment）[76]驻扎这里时，总是为中国人举行有许多聚会，其中有些男人承认自己信教了。在中国军团解散之后，发现有

---

76 中国军团（the Chinese Regiment），指英国租借威海卫后，雇佣中国人组建的一支维护地方秩序的军队。该军团参加过八国联军进攻天津和北京的战斗，时称"华勇营"。后于 1906 年解散。

必要在这座城镇的中心地带再建一座讲堂，以便向每天从周围乡村来的更多的人布道。数年前，那里建了座新讲堂和一所男子寄宿学堂，这些建筑的地基是一个中国小家族慷慨赠与的。

男校于 1904 年开学，主要接收这一地区基督徒的孩子入学，约有 20 来名男孩，教学内容渗透着基督精神。在这所学校读书的学生中，有许多人皈依了基督教，现在已走上了各自的生活道路。

多年以前，凯斯夫人开办了一所女子寄宿学堂，接收 20 余名住校生。现在这所学校由格雷沙姆（Gresham）小姐和卢特（Rout）小姐负责继续开办。在刘公岛（Liukungtao）上，除了在中国人中开展工作以外，还常年在联合教堂为欧洲人做礼拜，并在英国舰队夏季来访期间，专为那些军人做礼拜及平时需要的服务工作。

1898 年，穆迪特（现在已回英格兰）先生开办了陆海军博物馆（the Soldiers and Sailors' Institute），现在该馆由奥肯顿（E. C. Ockenden）先生和奥肯顿夫人负责，他们接受一些赞助。

奥肯顿先生任经理的威海卫教会印刷所（the Weihaiwei Mission Press）已开办多年，每年都印制一份福音日历，在中国人中广为散发。政府印刷品的相当一部分，也由教会印刷所印刷，开办印刷所的费用，通过为每年夏季来访的英国舰队印制印刷品，得到了进一步补偿。妇女方面的工作，陆上由威尔逊夫人、希尔夫人及格雷沙姆小姐和卢特小姐负责，而奥肯顿夫人则寻求为刘公岛上的妇女做一些她所能做的事情。

工作人员

威海卫

凯斯先生和凯斯夫人	1891 年[77]
威尔逊先生和威尔逊夫人	1891 年
希尔先生和希尔夫人	1893 年
格雷沙姆小姐	1904 年
卢特小姐	1904 年

观夏家

史密斯先生和史密斯夫人	1903 年

---

[77] 指到该布道站工作的时间，下同。

文登县

布里奇先生 1904 年

刘公岛

奥肯顿先生和奥肯顿夫人 1904 年

石岛

布莱赛德小姐 1902 年[78]

李克小姐 1908 年

爱克斯小姐 1908 年

山东光明与希望会事工简况[79]

1905 年 8 月，我们作为独立工作人员来到曹县（Tsaohsien），开始了我们在那里的第一个布道站的工作。1906 年，我们在单县（Shanhsien）买了一处地皮。同年，7 位新人从美国来到这里参加了我们的工作。1908 年，又来了 4 位，是以差会职员总计达 13 位（8 位在曹县，3 位在单县，2 位在曹州府）。曹州府（Tsaochowfu）[80]的工作始于 1909 年。

概括说来，我们已经为 104 名当地皈依者施行了洗礼。慈善工作在我们定居下来后即开始了，现在有 90 名男孩和 40 名女孩在我们的慈善机构中得到资助并接受训练。我们发现了许多的新门路，很多工作有待我们去做。"田野有一望无际有待收割的庄稼，但我们的收割人太少了"。我们的目的，是要坚定不移、忠贞不渝地把救世福音带给这里那些迷途的愚昧异教徒们。

包志理（H. C. Bartel）

---

78 前文记述说石岛"石岛留下来的工作人员仅有李克（Leach）小姐和爱克斯（Akers）小姐"，不知这里为什么又多出一名。

79 光明与希望会（The Light and Hope Mission, Shantung），是本文作者来到山东给自己的传教组织起的名字，学界都根据他是门诺派教徒，称这个组织为孟那福音会（China Mennonite Missionary Society，又作 China Mennonite Missionary association），从包志理（H. C. Bartel）也就是这篇小文章的作者介绍的情况看，他不是美国门诺派孟那福音会派出的差会，而是"独立"到中国来的传教士。他在这篇小文章的标题下面标注"美籍德国门诺派教徒"（German Mennonite, U. S. A.），或许因此之故，他给自己的传教组织起了个这个名字。至于为什么自称"美籍德国蒙诺派教徒"以及后来的变化，目前大陆学界尚无这方面的研究。

80 今菏泽市牡丹区。

烟台工艺会

现在以烟台工艺会（the Chefoo Industrial Mission）的名义在这里开展的工作，发轫于 1893 年初。在同中国内地会的关系被切断后，我们留在了中国，目的是要证明我们能够工作养活自己，同时也能做一些有效的差会工作。

1895 年，马茂兰（McMullan）夫人开始训练教师，并于 1896 年初开办了第一所学校，自那以来，办学一直是这里工作的一个显著特色。工艺会所办学校自始就有如下目的：

1. 引领学生归主，构建他们的基督徒品格。

2. 给学生以良好教育，使他们能阅读圣经，并成为基督教社团有用的一份子。

3. 教她们编织花边，以便她们以后靠此生活，必要的话，独立谋生。

上帝保佑，上述目的现在某种程度上说已经实现了。一些女孩声称她们已皈依了基督教，加入了教会，正在用她们始终一贯的生活方式证明已经改变了的现实。先来的学生一直是靠她们在学校里学到的手艺养活自己，或为赡养家庭做出贡献。学校也教许多学校以外的人做花边，目前，有数千名女孩和妇女编织花边。

起初，我们的学校是租房开办的，直至 1902 年才有了工艺会自己的作为学校、住校教师及学生用房的建筑。这些建筑接近烟台南端的繁华地段，非常适合于开展工作。

在初期数年间，学校必要的教育还完全是初级的，后来开始为进步快的学生进行较高级的教育。现在，有 150 名女孩在不同课程班里学习。有一些女孩不学做花边，而是学习中国经典、地理、算术，以及英语、音乐等课程。另一部分学生半天学习，半天做花边。除此之外，还办了一所约 40 名儿童的幼稚园。大约有 30 名女生住校，条件是她们必须在住校前放足。寄宿学生只需缴纳 2/3 的伙食费，这部分费用一般由她们做花边的收入支付。马茂兰夫人献身学校教育工作多年，现在仍然监管各校正常运转。不过，最近她得到了一位住在学较里的外国夫人的帮助。1909 年，为了满足特别困难的学生班的需要，建起了工作间，这些学生除了接受一小时宗教教育和做简短的礼拜仪式外，可以全天在工作间工作。

关于自立方面，我们没有勇气说什么。开办学校的第一年，除了校长的薪水（名义上的）和校舍费用外，经费自给。近些年来，一直是支付做花边的费用越多，收益就越少。这是由于其他地方做花边工人的竞争强了，必须支付更多的薪水给教师和管理人员。因此，现在学校不投入没有相当超出收入的费用，便不能维持高水准运转。

我们完全没有忽视对男青少年的工作，于1898年开设了一家制刷工厂，有近30名雇工。他们每天工作到下午5点，傍晚的其他时间接受一些教育，主要是圣经方面的。该厂生产的刷子非常好，但在价格和精巧方面无法与外国产品竞争，遂于1903年放弃了这项工作。有些男孩皈依了基督教，其中有5人在1899年由郭显德博士接纳加入长老会。

1905年，我们接收10来名男孩，安排他们半工半读，他们此前已在学校读了几年书。这些人大部分现已受雇于我们的公司，工作十分出色。在公司里，每天用中、英文指导进行敬拜仪式，公司现有雇员近40名。

1902年，建了一座教堂，来做礼拜的人不断增多，星期天来参加仪式的为150-200人。这座教堂与山东美国北长老会有关联，我们的目的是加强现有教会的力量。与该教堂有关的"基督教促进会"（Christian Endeavour Society）现正办得红红火火。

MR. JAMES MCMULLAN.
马茂兰先生

MRS. J. MCMULLAN.
马茂兰夫人

MR. K. K. YUAN.
EDITOR OF THE "MORNING STAR."
《晨星报》主编袁庆贵先生

1898年4月，开办了一所培训女布道员的学校，当时有10名妇女入学。该校持续开办了数月，妇女学员在圣经和实际工作方面受到了良好训练。我们现在还不时听说她们在家里做着很好的工作。

为了更积极努力地开展布道工作，考虑到适合做这一工作的人已全部被雇用的事实，人们建议我们设立一所培训布道员的学校。这一建议是我们长老会的一些朋友非常热心地提出来的，他们都在郭显德博士的指导下工作。下面是建这所学校的一些原则：

1. 不分教派。

2. 鼓励志愿工作，鼓励与中国人合作。

3. 实际工作是学校训练内容的一部分。学校向所有具有证明上帝召唤他们见证基督、并能阅读官话新约全书的良好品格的男基督徒开放。

这处男布道员训练学校开办于 1898 年 10 月，当时有 26 名学员，现在（1910 年 6 月）有 30 多名学员。这些学员当中，尽管有一些来自山东西部和直隶，但大多数人来自山东东部。主要是学习圣经的课程，安排 3 年时间，每年大约 8 个月用于学习，其余时间则是做布道工作。

1908 年 10 月，出版发行了一份双周刊的官话基督教报纸——《晨星报》（*The Morning Star*），马茂兰夫人和袁庆贵（Yuen King-Kwei——音译）先生任主编。每期都刊登一些布道内容、新译出的赞美诗、传记性图画、阐述基督真理的故事、差会和其他的一般新闻，以及诸如确认有益的其他内容，我们相信该报这种办法，对华北各教会来说，或许是值得庆幸的。现在该报发行量近 1500 份，我们已接到许多中国牧师们和其他人的来信，信中都说该报给了他们极大帮助。

在烟台印刷《晨星报》一直困难重重，1910 年 5 月，我们购买了一家正开着工的印刷厂，增加了中文打字。现在这家印刷厂名为"工艺会印刷所"（The Industrial Mission Press），我们希望现在《晨星报》上刊出的"圣战"（*The Holy War*）、"大卫·利文斯通传"（*Life of David Livingstone*）[81]、"新官话赞美诗"（*New Mandarin Hymns*）及其他基督教文学，能够在短期内印刷成书出版。

本会一直是在没有请求经费支持的情况下开展工作的，我们完全依靠经理（Director）[82]及与他有关人的支持工作的。我们的政策并不是因为要把获利的一部分用于差会工作，而要求客户购买我们的货物，而是因为我们出卖的产品要同其他地方的产品竞争；我们的所有生意年复一年地增长的事实，说明客

---

81 大卫.利文斯通，英格兰传教士，曾深入非洲腹地传教和进行地理考察30年，发现了恩加米湖、维多利亚瀑布等，有著作传世。

82 文章后面署名是马茂兰夫妇，这里的"经理"，疑指马茂兰，马氏为他所办的烟台仁德洋行的经理。

户们需要购买我们的产品。

本会 1908 年费用为 3094.50 元墨西哥洋[83]，1909 年未发布报告，但有关统计数字如下：

工艺会学校	2400.51 元[84]
布道员训练学校	1023.95 元
捐赠内地会	164.00 元
海参崴差会（Vladivostock Mission）	377.60 元
捐赠基督教青年会	342.25 元
晨星报	891.33 元
传教士津贴及交通费	1357.95 元
总计	6557.59 元

在回顾以往的工作时，我们要感谢和赞美上帝，上帝引导我们前进，使我们事业发展，我们自己做得还很不够。我们相信，某些黑暗即将过去，光明就在前头，一些人在通往天堂之路上得到了帮助，不少人已经受到了良好的教育，许多人过上了自食其力的诚实生活。但是，我们的工作人员太少，我们的力量很有限，我们要祈求上帝派给我们充满爱心的适当工作人员，祈求圣灵予我们以智慧、慈爱和力量，祈求上帝给予更多的祝福，使各个部门的工作人员坚定、忠诚；也要祈求上帝继续赐福我们的生意，使之兴旺发达，以便生意收入能满足日益扩展的差会工作的需要。

在结束这篇报告之前，我们要感谢我们亲爱的朋友韦丰年（George Cornwell）牧师，韦牧师于 1909 年 8 月 26 日升天了。我们所得以做的一切，很大程度上都应归功于他爱心慷慨给予的同情和实际性的帮助。

本会工作人员：

马茂兰先生和马茂兰夫人

尼克尔（George Nicoll）先生和尼克尔夫人

梅尔妮（A. E. Milne）小姐

马茂兰、马茂兰夫人（James and L. McMullan）

---

83 原作者注：见该年度报告。

84 墨西哥洋，下同。

中国启喑学校

中国启喑学校由梅理士（Charles Rogers Mills）夫人梅耐德 1887 年创设于登州[85]，1896 年停办，1898 年在烟台重建。学校列在当地一家托管机构"信托契据"上的财产，有土地、房屋和设备，价值墨洋 15,000 元。

1906 年，葛爱德（Anita E. Carter）小姐从家乡来，翌年开设了女生部。

这些年来，来自全国 9 个省份的 40 名聋哑儿在校学习，其中有一名盲聋哑人，一名朝鲜人。这一数目，如果我们有足够的资金，可增加一倍多。有 3 名男教师和两名女教师（正常人）一直在校接受训练。此外，来自朝鲜的一对夫妇，已经回到他们的国家开设了第一所聋哑学校。

教育经费是由聋哑人和他们的美国及英国朋友们志愿捐助的，设备则是由其他得知此事的人捐赠的。我们一直在努力建立一笔基金，现已筹集到了一些，为数不多。

开办学校的目的，不仅是要通过这一事实本身向中国人证明启喑教育是可能的，而且要通过实际示范，证明这种教育将使聋哑人本人受益，证明他们经过训练与否是绝然不同的。基于这一考虑，我们带着学校的聋哑学生，于 1908 年冬季长途跋涉 3,000 余英里，访问了 16 个城市，召开了 50 多次会议，在 30,000 多名中国人面前做了示范表演，几乎每个地方都有官员参加会议，观看表演，其中著名的有学部侍郎和两名总督。政府对此有更大兴趣，制定了试办学校的计划，各教会学校也将选派正常学生到烟台中国学校接受训练，以为开设这类学校的师资。

为了接受培训师资的任务，我们拟定采取以下措施：从西方国家引进有数年教学经验的最优秀的教师，让他们掌握汉语；为了培训出合格的教师，要制做图表，编撰教科书，建立一套完整体系，该体系的教学方法将适合中国各个地方使用。目前，我们已经做了大量这方面的工作，但也还有许多工作尚待完成。

在烟台中国启喑学校受训时间最长的男孩中，有 3 名现已能熟练地排字、做木工和下厨房，而另外一名，则已经是年幼聋哑儿的师傅了。

---

85 今烟台市蓬莱区。中国社会科学院世界宗教研究所：《中华归主——中国基督教事业统计 1901-1920》（中册，中国社会科学出版社 1985 年版）第 426 页说启喑学校"创办于益都（今青州市）"，误。美国宾夕法尼亚州的曲拯民先生在一篇文章中曾说："郭（显德）一生两度丧偶……继室助他创办了启喑学校，烟台市民以哑巴学校称之（山东文献社：《山东文献》第 11 卷，第 1 期，第 25 页）"，亦误。

烟台中国启喑学校完全是基督教性质的学校，但却不隶属于任何宗派，无论基督教哪个宗派，还是异教徒出身的孩子，都予接收。这所学校的目的是要人们更清楚地知道它在散播基督之爱，基督从未忘记这些聋哑儿中的任何一个。

梅理士（Charles Rogers Mills）夫人

说明：通过与美国长老会（the American Presbyterian Board）协商，烟台中国启喑学校由该会接管，得以永久开办下去，条件是该会获得 45,000 元美金的捐款。

烟台新传教士之家

1901 年，郭显德博士和我开始考虑在烟台为各差会的传教士建造一处"休息之所"（Home of Rest），那时，各差会在烟台工作的一些传教士和新派出的传教士没地方住。

郭显德博士和我似乎觉得建造这样一处住所，越快越好，因为上述的那些传教士一直在急需这样一个住所。

稍后，我给我们亲爱的朋友写了一封信，他自始就全力关注这项工作。

亲爱的郭显德博士：回复您关于需要有一处"传教士休息之所"的问题，可以毫不犹豫地这么说：我认为"迫切需要"这样一处住所。

在这一问题上，或许我妻子和我比其他人一些人更有发言权，因为我们在这里生活的十四年间，亲眼目睹许多热心的宣教工作者为自己或他人寻求一处休息之所有多么艰难，换一个住处有多么艰难。我们不能款待中国内地会以外的没有固定住所的这些宣教人士，原因很简单，我们没有那么多房间。一直以来，我经常非常悲哀地看着弟兄姐妹们找不到适当的住处。

每天收取租金的旅店，是为富裕的商人和他们的家庭准备的，是为有着丰厚薪水的领事馆或海关人员准备的，传教士支付不起住旅馆的租金。

因此，我完全确信，您恳求上帝解决这一问题的愿望将很快达成，一处传教士的新家将很快建造起来，这一需要太迫切了。

这样一处新家园将是大量在中国和韩国的传教士们恢复精神和身体的中心。如果我说的这些能够引起更热心的祷告，我将从心底里感到高兴。

您衷心为主服务的朋友

约翰·A·斯图克（John A. Stooke）

1901 年 7 月于烟台中国内地会疗养院

我们的祷告没等多长时间就得到了上帝的回应。

1901 年 9 月，英国布里斯托尔的约瑟夫·斯托尔斯·弗莱（Joseph Storrs Fry）先生寄给我们第一笔捐赠，接着，一位对这一计划深感兴趣的烟台人给了我们第二笔捐赠，与我们手中的已有资金合起来，就能够购买土地了。随着时间的推移，一笔笔捐赠接踵而至，于是我们就开始面对建造这一"难题"了。一开始，我们的愿望是"不欠债"，所以我们开工就决定只要资金在手，往下做就不会有错。

随着工程进展，我们经历过多次教训；（我们谁没有在搞建筑过程中学到很多东西呢？）我们早早地签好了合同，而没有把拆除脚手架等的费用写进合同，为此我们借贷 4,200 元（利息 5.5%）支付了这些合同外费用[86]。

在我们回国度假期间，托马林（E. Tomalin）先生有一段时间很友善地照看建筑工程。1906 年 2 月，应朋友们的迫切要求，我们决定缩短假期，于是年春季回到了烟台监督工程建设，开办传教士之家。为此，我们中断了与中国内地会的联系，此前我们已经愉快地友好合作了近 20 年。装饰布置这座建筑使之适合作为家来居住，有大量工作要做。接下来的时间证明，装饰布置这座建筑是一项很大的工程，但朋友们很体贴，给我们鼓励，美国、英国、中国和其他地方自愿捐赠，减轻了工作负担，使我们得以在 1906 年 4 月 26 日开门迎客。

1907 年我们第一次发行的传教士之家正式启动小册子上的那些话，在此就不必赘述了。

只有年复一年住在熙熙攘攘、无视所有卫生法规的城镇里的人，才能完全理解，即使尽最大的努力注意，最强壮的体质也会逐渐受到损害，因此，暂时彻底改变，到一个更有益于健康的地方，是延长生命并能有效工作的唯一希望。

---

86 原作者没有标明货币名称。

MR. AND MRS. JOHN A. STOOKE, MISSIONARY HOME, CHEFOO.

斯图克夫妇在烟台传教士之家

THE NEW MISSIONARY HOME, CHEFOO.

烟台新传教士之家

　　一位有奉献精神和天赋的作家，在遭受了数年之久的神经衰弱睡不着觉的折磨之后，写下了如下别有意义的话语：

　　　　如果你在惧怕上帝的时候能够打定主意，永不会再像以前那样从容、安静、不匆忙或不慌乱地做任何更多的工作，你即刻就会觉得自己越来越紧张，就像一个人上气不接下气，就会停下来喘气，你将会发现这一简单、常识性的规则对你来说，依靠祷告和泪水是不可能变成现实的。

有一位传教士曾经说自他到中国工作以来，已经了解到有二十多名传教士，如果他们及时休息，很可能避免头脑和身体都毁掉了的悲哀命运，现在仍然有大量传教士年复一年地辛勤劳作，不改变生活方式或者休息一下，直到毁掉了健康，不得不离开他们的宣教地，永远不能再回来。

我们有许多上帝丰盛祝福的证据——很多精神、灵魂和身体上的疲惫，通过圣父的爱护和养育，严重的健康故障得以修复，并能够更加强壮地回到各自的工作领域，精神生活焕然一新。新传教士之家本年有三个月时间通常都是满员的，安排四十个人寄住，其他几个月总是有几个人来来往往，不固定。

青岛传教士定居点"伊尔蒂斯岬"[87]

这个小定居点建成于 1906 年，潍县美国长老会的罗嘉礼（Charles. K. Roys）博士是这一定居点建设的发起者。他成功地买到了青岛市郊滨海一块建设用地，这一地块虽然在海边，但离市区很近，到城里、城里的商店和市场很方便，同时又很僻静，没有周边因袭传统的影响，给人以轻松和自由自在的空间感觉。正如有人曾经描述的：

> 高高的山峰，荡漾的海水，山水相得益彰，景色优美，是个十分理想的所在。群山松树密布，芬芳四溢，和煦的微风中，我们门前的那些松树慵懒地打着盹儿。租借地政府修筑了良好的道路，甚至小山顶上也四通八达，最有利的境况下可以尽情骑马或骑自行车到处游逛。作为一个定居点，一开始建起了六栋小别墅，当地人诙谐地称之为"罗嘉礼栖息地"（"Roys' Roost"）、"狄考文餐厅"（"Mateer's Mess"）、"路思义小屋"（Luce's Lodge）、"道雅伯住所"（"Domus Dodd"）、"女士棚屋"（"The Woman's Wigwam"）、"何发木屋"（"Ho-Fa Hut"），六到九月份都住满了人。从这里去海水浴场海滩很方便。几英里外，德国驻军的乐队在海边沙滩上演奏悦耳的音乐，每周两次，当地娱乐活动数不胜数。军舰、商船和各种本土船只不断进入或离开港口，一派繁忙热闹景象。事实上，多种多样的娱乐活动和热闹景象，极有利于在这里休假的人们恢复活力和积攒能量。

---

87 伊尔蒂斯岬（Iltis Huk），古称碌豆岛，现称太平角。

山东新教差会概况统计表

差会类别	教堂	分布道站	信徒	学校	学生	按立本土人员	外籍传教士	本地捐献墨洋	备注
美国南浸信会	17	51	2369	94	1527	3	50	无统计	神学院1;妇女圣经学校1;两校共55名学生
美国北长老会	58	无统计	8962	187	3145	19	69	9908	本地教师及助手463名,主日学校学生3402人
美国公理会（美部会）	32	37	1484	18	372	2	17	336	
美国美以美会	6	无统计	631	71	101	4	11	无统计	
柏林会（信义会）	3	24	817	131	25752	无统计	13	无统计	神学院1,学生24名;工艺学校1,女生15名
魏玛会（同善会）	无统计	无统计	无统计	5	159	无统计	8	无统计	中国信徒与美北长老会联办
瑞典浸信会	统无计	无统计	297	7	117	无统计	5	283	
英国圣公会（安立甘会）	5	22	915	12	190	无统计	24	无统计	
英国圣道公会	无统计	149	1960	43	576	无统计	10	无统计	
英国浸礼会	17	291	4242	122	1518	19	27	2130	包括女布道会
中国内地会	无统计	无统计	无统计	3	279	无统计	32	无统计	学生数为烟台学校中外籍学生
弟兄会	4	无统计	无统计	无统计	无统计	无统计	16	无统计	
光明与希望会（孟那福音会）	3	无统计	无统计	2	130	无统计	13	无统计	学校实为男、女孤儿院
烟台工艺会	3	无统计	无统计	2	170	无统计	5	无统计	学校为妇女和女孩两种
启喑学校	无统计	无统计	无统计	1	40	无统计	5	无统计	最近美北长老会接管
总计	148	574	21947	581	8633	47	325	12657	

第十一章　山东之伊斯兰教[1]

莫约翰（John Murray）牧师[2]

公元 628 年，穆罕默德派其舅舅宛葛素（Wah-b-abikabeha）为专使觐见中国皇帝，中国皇帝准许他在自己的领地内随意传布他们的宗教，并准予其在广州城内建一座清真寺。这位专使死于广州，葬在广州城北部。

公元 755 年，哈里发艾卜·哲尔法尔（Abu Giafer）派出了一支 4,000 名的阿拉伯人武装帮助中国政府镇压突厥叛乱者安禄山[3]。作为回报，这些阿拉伯士兵被安置到帝国各主要城市，并为他们娶了汉族妻子。这些人或许可以被认为是汉族阿拉伯穆斯林的祖先。

据说目前中国有约 2,000 万穆斯林，其中山东有 20 万。除了分散在全省一些较小的聚居地以外，山东穆斯林主要集中在济南府、济宁州、曹州府、泰安府、临清州、泰州[4]、青州府、兖州府。济南府有 8 座大清真寺，穆斯林 8,000户，此外边缘地区还有一些规模较小的穆斯林建筑。

所有大清真寺都有学习阿拉伯语的学校，由阿訇[5]教授。一般来说，这类

1　这篇文章主要是为海恩波（Broomhall）先生《中国的穆斯林》一书撰写的，并收录在该书中。这次在这里发表，得到了作者的允许。

2　美国北长老会传教士，1876 年来华，是年底到济南传教。1926 年 80 高龄时退休返回美国，在济南地区传教长达半个世纪之久。

3　作者这一说法的依据很可能是安禄山曾长期跟随母亲在突厥族生活，且其母后改嫁突厥人。

4　泰州（Taichow），疑误。山东晚清时期没有"泰州"或"台州"这个地方。

5　Imams——伊玛目，这里的伊玛目显然是指清真寺开设的经堂学校教授经文的教师。但是，伊玛目的实际含义和执掌，历代变化很大，在山东地区尤其如此。晚清以降，阿訇这一称谓，几乎涵盖了清真寺内所有教职执掌。西方传教士在介绍山东伊斯兰教的概况时，对教内各种执掌称谓，以他们的观察和理解，很多时候按照基

学校规模都不大，平均也就 7～8 名海里凡[6]。有一些海里凡来自农村地区，他们在这些较大的中心地寄宿学习。阿拉伯语学习时间为 15 年，然后再学习波斯语。

阿拉伯语《可兰经》实务知识仅限于在阿訇和海里凡中传授，也仅在清真寺中使用。

中国一直有用阿拉伯文撰写甚至印刷的书籍、著述。

济南府有位阿訇有一本 25 年前来自贝鲁特的阿拉伯文《新约全书》。这位祭司能够诵读，但读得很慢。

上述学校里学习的书本都是阿拉伯文，但口头指导用汉语。阿訇随机宣讲他们的教义，程度深浅不同，所以至少对初入学者必须给予一些指导。

就外观穿戴而言，穆斯林与普通汉族人之间没什么分别。他们的容貌有时能显露出他们的外来血统，像突出的鼻子，有些黝黑的皮肤；眼睛和前额也有些异样，不修剪上颚两边角的胡须。一般来说，他们不与汉族人通婚。他们非常抱团，在大城市，他们通常聚族而居，在农村，常常是不允许汉族人与他们一起居住，整个村庄全是穆斯林。据说他们不管对和错都非常团结一致，所以汉族人很不喜欢甚至憎恨他们。在清真寺里。阿訇和海里凡裹一块特别的裹头巾，但妇女并不像其他国家的妇女们那样戴面纱。男穆斯林很易于接近，他们很自由地谈论生意或其他一般话题，不反对谈论宗教问题乃至争论关于宗教问题。由于崇拜独一真神，反对偶像崇拜，他们当然把所有外国传教士看作是同道。由于这个原因，他们几乎没有可能改变他们的宗教信仰，事实上，他们不可能加入基督教会（不过，一直以来，作为一个特殊阶层，一直也没有人在他们中间试图直接开展这方面的工作）。他们似乎非常满意他们的礼拜仪式；鄙视偶像；只崇敬独一永生之神；承认亚伯拉罕、摩西和耶稣是圣人，但无论如何不能与穆罕默德相提并论，他们对自己的信仰非常满足，十分坚定。

督教内部神职人员的执掌称谓进行介绍，与当时山东伊斯兰教中实际执掌称谓并不吻合。如本章以下多处出现"priest"——祭司这一笼统的称谓，就是如此。鉴于阿訇这一称谓在山东特别是济南地区晚清时期的实际含义，清真寺内所有教职的称谓，不论英文写作"imams"还是"priest"，这里均译为阿訇。

6 Students，本意是"学生"，这里是指清真寺经堂学校的学生。清真寺经堂学校的学生，陕、甘、宁、青等省区称"满拉"，其他地区则称"海里凡"。这里讲的是山东的穆斯林的情况，故译为"海里凡"。

CH'ING CH'EN KU CHIAO, "CLEAR TRUE OLD SECT,"
Chinese name for Mohammedan Temple.
TSINANFU.

清真古教（穆斯林庙宇的中国名称）

GATEWAY OF MOHAMMEDAN MOSQUE, TSINANFU.

济南府清真寺大门

　　穆斯林不反对参加科举考试，尽管参加这种考试要礼拜孔子。他们一旦为官，需要遵守异教礼仪形式；然而，他们不拜皇帝。他们原谅在被逼无奈的情况下向偶像磕头以及其他丧失自己立场的行为。他们把这样的事情视为仅仅是一种形式上的事情，宣称他们依然是穆罕默德的追随者，崇敬独一永生之神。山东到麦加朝圣的人必定很少，事实上他们从来就没有听说过到麦加朝圣的事。然而，在南方，每年都有一艘专门的船只满载朝圣者前往麦加朝圣。

严格遵守割礼，这是一名真正穆斯林的一个基本标志。忠实履行宗教仪式的不多。一般穆斯林群众，除非特殊机会，很少到清真寺去。他们过日子与周围的人几乎没什么两样；但阿訇在礼拜前总是要沐浴的。阿訇一天祈祷五次。祈祷中总是要依次提到亚当、亚伯拉罕、诺亚、耶稣、摩西、穆罕默德的名字。

所有礼拜仪式都忠实地诵读"清真言"。阿拉伯语只在清真寺和宗教仪式中使用。真正理解他们宗教的人相对说来很少，但一些阿訇对他们的宗教原理相当熟悉，非常愿意讨论这些原理。在清真寺礼拜时围头巾，但其他时候不围。不过，在正式社交活动场合，有时候戴一顶特别的尖帽，但一般场合他们还是戴汉族通常戴的帽子。

伊斯兰教徒遵守他们专门的结婚和丧葬仪式，由阿訇在他们的圈子里履行这些仪式。

一夫多妻制在穆斯林当中并不常见，这方面与汉族没有什么区别。

清真寺建筑很大程度上是中国建筑风格，但很容易将它们与异教庙宇区分开来。清真寺总是东向，礼拜者向西礼拜。很少有尖塔式清真寺；清真寺的顶端通常建成与其他庙宇有显著区别的特殊形状。

注意一下"泰山"那篇文章中关于穆斯林在那里享有的特权很有意思，他们垄断了为上山的人们担任轿夫的权利[7]

---

7 详见本书第四章。

教育与慈善事业

第十二章 山东教育之过去、现在与未来

路思义（H. W. Luce）[1]

山东基督教大学文理学院（广文学堂）

---

1 路思义（Henry Winters Luce，又作陆思义），美国北长老会牧师，1897 年 29 岁时奉派来华，在登州文会馆任教。时值中国内忧外患、列强环伺，有识之士呼吁改革，以图富强。路思义认为应在中国加大大学教育力度，培育引领 20 世纪一代精英。为此，他多方工作，促成了美国北长老会、英国浸礼会和美国公理会联合举办山东基督教共合大学（齐鲁大学），并为此忍痛舍弃心爱的教职，先后于 1906、1912 年返回美国花数年时间募集捐款数十万美元，奠定了齐鲁大学发展的稳固基础，曾任齐鲁大学副校长兼建校委员会主席。1918 年，受聘为新的教会联合大学——燕京大学副校长，再次数度返美筹集办学经费，在美国纽约设立"中国大学联合中央办公室"（十年后改为"中国基督教大学联合董事会"），先后为燕京大学募集数百万美元资金。1927 年，由于长期奔波，58 岁的路思义身心疲惫，为重执教鞭，入学校进修，后留在美国任教，1941 年病逝。他一生为中国现代高等教育的发展做出了重要贡献。为志纪念，燕京大学建有"思义亭"，台湾东海大学修建了学校标志性建筑"路思义教堂"。路思义在中国登州（今烟台市蓬莱区）出生的儿子，即美国享誉世界的《时代》周刊创办人。

ARTS COLLEGE, CONVERSE SCIENCE HALL, AND MAIN HALL, SHANTUNG CHRISTIAN UNIVERSITY.

山东基督教大学文理学院教学楼一角、大讲堂

仔细研读中国古代书籍，总能大量见到"学"、"教"这两个词，古代大师们热切关注"教人居学之半"。尽管我们几乎不能辨识任何现存的早于公元前1500年的铭文和文献，但说这个民族的早期部落从西方来到这块土地的时候带来了尚不成熟的象形文字，还是很有可能的[2]。造纸术发明以前，文字是用铁笔刻在竹简上，这些竹简用绳子串在一起。汉字很早的时候就非常先进了，广泛用于记录简单观测到的日、月食和行星等天文现象，也用于发布政府指令。据《尚书》记载，商代（公元前1766-1122年）初期即有一位大臣为其君主写过纪念碑文，孔子（公元前551年生）之前二三百年的周初[3]，编纂过一本类似字典的书。孔子的著述向我们展示了在他那个时代，依然保存有很古老但并非很多、很完备的文献。今天中国人学习的经典，以不同的术语论及了大约公元前2011-500年间的学校，包括尧帝、舜帝和大禹所处的古时的学校以及孔子所处时代的学校。

最初的教育机构似乎是国君设立的培育文武官员的官学。《礼记》上说"古代为教学设置的机构，各个村落（25家为单位）有自己的学校，各个地区（600

2　中国考古学界早经否定了中华民族起源于西方这一说法，当然更谈不上什么中国的文字来源于西方了。

3　这里所谓的"周初"，显然是作者以西周共和元年有明确纪年的周朝计算，而不是真正意义上的"周初"。

家为单位）有学院，各有关部门有专科学院，各公国有大学"[4]。不过，这里使用的这些不同教育机构术语，当然与今天所使用的并不是一个概念，只是表明那时教育机构是分等级和有统一标准的。在这些不同的教育机构中，小学学生 6-7 岁入学，学习礼仪、音乐、箭术、御车、书法等人文科学，以及像计数、加、减、乘、除等初级算术。15 岁入学高一级课程的学校，要竭尽全力地研究矫正和完善个人品性，准备统治他人。学生们要在规定的时间考试检验。第一年年末，要测试他的读音是否清晰以及学习执政的目的。稍后，要测试他打算一生做什么；愿意与什么样的人共事；喜欢什么样的朋友；对所学科目的心理把握；他对所学内容的鉴赏力，以及在这些方面是否已经定型了。

尽管我们不能真正了解耶稣降生前 900 年的中国历史，但一般说来，我们大致可以确定周朝（公元前 1122-225 年）这一历史时段是确实的。《尚书》上说，周初，武王极重视所有与祭祀和葬礼有关的礼仪，尤其强调"五伦"即父子、夫妇、君臣、兄弟、朋友这五种人伦关系的学问。此外，强调五礼、六乐、五种箭术和御术（the five methods of archery and charioteering）、六经、六礼（吉礼、凶礼、宾礼等）及六种算法（加、减、各种测量法等）

在中国早期历史上，非同寻常地重视诗歌的学习。毫无疑问，很早的时候就有了民歌集，肯定在孔子之前就有了。打完仗回来的帝王们做颂歌。史书记载穆公（Duke Muh）亡故（公元前 624 年），"人民感到悲哀，作了一首诗"[5]。《论语》（孔子与他的弟子的对话）告诉我们"孔子最常论说的话题是诗、书、守礼——他时常考虑的就是这些问题。"[6]孔子问："学诗了吗？"学生回

4　这里作者并非引用《礼记》的原话，标示的各级行政单位户数有的也不准确。《礼记》原文为："古之教者，家有塾，党有庠，术有序，国有学"。详见《礼记·学记》。

5　作者这里介绍的似为《左传·文公六年》所述秦穆公亡故后殉葬事，"国人哀之，为之赋《黄鸟》"。但秦穆公亡于公元前 621 年，与此处的 624 年不符，疑作者所述有误。《黄鸟》为《诗经·秦风》中的一篇。

6　《论语·述而》。原文为："子所雅言，《诗》、《书》、执礼，皆雅言也。"这句话学界历有争议，特别是其中的"雅"字，亦有学者认为"子所雅言"中的"雅"是"素常"的意思，"皆雅言也"中的"雅"是"雅正"的意思。本文作者显然是没有直译原话，也不是今天学界大多数人所理解的意思，而只是说孔子经常谈论的话题是诗、书、守礼，意在强调诗歌在中国古代学问中的地位。英文原文为："the subjects on which the master most frequently discoursed were the Odes, the history, and the observances of decorum-on all these he constantly dwelt."很显然，原话前后两个"雅"字，作者都看作是素常的意思，根本没有一点把"雅"理解为"普通话"的迹象。

答说："没有。""不学诗跟人交谈就没什么话可说。"[7]。有一天，他对儿子说："你学习《诗经》里《周南》、《召南》这两部分诗了吗？一个人如果不学这两部分诗的话，那与面壁而立不能与人讲话的呆子有什么两样？"[8]在另外的场合，他则说："你们怎么不学诗呀？学习研究诗经，可以知古人之志而立定自己修身志向，能够了解古时的风俗盛衰，能够沟通感情志同道合地合作共事，可以学古人借诗讥讽当政者政治失误，小处说知道怎样在家孝敬父母，大处讲能明白忠于君主国事，还可以了解清楚天下草木鸟兽的名称。"[9]《诗经》从孔子时代流传下来，现在中国所有渴望学知识的人都学《诗经》，《诗经》内容涉及习俗、欢聚宴享、家庭生活、农业、家政；吟唱战争、勇士、古代占卜、远古天文、宗教信仰、祭祀仪式等。古代中国人似乎一直非常关心后来和另一个朝代的事情，"如果允许创作这块土地上的所有民歌，他不在意谁来制定法律"。确实，古代统治者相信诗歌和民歌披露统治思想和精神，揭示他们统治的功效或缺陷，帮助他们选择管理人民的方法。诗经对他们来说，实际关系着统治艺术。

中国上古经典含有许多宴饮娱乐的信息和音乐价值。虽然没有真正理论价值，但在孔子的时代，却是音乐作品，有乐器伴奏。伴奏的乐器当中，有长笛、排钟、鼓和两种琴。诗、乐，具有真正实践功能，就像今天在世界各地发现的一样，人们用这些为社会服务。正如前引孔子所说的，"学诗可以知古人之志而立定自己修身志向"，但他立即补充说，"要使自己视听言行合乎规范在社会上做人，须学礼；而要涵养性情使自己趋于完美，则应学乐"。根据孟子的说法，统治者与百姓应该和谐无间，乐是统治者和百姓共同欢乐的表达方式。

远古证据表明中国人并非不关注数学。他们通过对直角三角形原理的运用，发现天地间的距离为89,343里（29,798英里），30步5米3.6英寸，太阳在天下面7,000里处，直径1,000里。孔子时代以前很久，就发现和记录了日

---

7 这里显然是作者误解了原文，以为孔子是与他的一个学生的对话，事实上这段话是孔子与他的儿子说的。《论语·季氏》原文为：陈亢问于伯鱼曰："子亦有闻乎？"对曰："未也。"尝独立，鲤趋而过庭，曰："学诗乎！"对曰："未也。""不学诗，无以言！"鲤退而学诗。

8 《论语·季氏》。原文为："女为周南、召南矣乎！人而不为周南、召南其犹正墙面而立也与？"。

9 见《论语·阳货》，原文为："小子何莫学夫诗？诗可以兴，可以观，可以群，可以怨，迩之事父，远之事君，多识于鸟兽草木之名。"

食和月食，使用了黄道十二宫，以原始的方法利用北斗七星辨识季节。他们那时已经知道一年的大致长度，并知道使用闰月的办法计算适时耕作的节气。

据载，舜帝（公元前 2,200 年）每三年考核一次他治下的官员。周朝大约在公元前 1,115 年将舜帝这种方法扩大到候选官员。这似乎就是科举考试的起点，科举考试制度在中国漫长的历史中一直占有非常显著的地位。这种考试制度历经后来历代王朝一次次重新修订，建立了一套学子们在学校中必须发奋学习的标准内容。

依上所述，可见中国人自始就崇尚学问，并采取种种措施培养学问。在漫长的历史中，中国有几次著名的学问复兴时期，我们这里可以罗列其中的五次：

1. 孔子（公元前 551-378 年）和孟子（公元前 371-287 年）对教育的强有力推动。据说孔子一生有 3,000 门生。孔子讲授诗、书、礼，并总是以伦理道德作为改善国家现状的手段。路过卫国时见人口众多，一个学生问孔子："既然卫国这么多人口了，那再怎样使国家更好一些呢？"孔子答复说："要设法使人民富裕起来。"学生又问："人民富裕了以后如何再使国家好一些呢？"孔子回答说："要对人民进行教育。"[10]这里的教主要是道德教育。

孟子（孔子信徒）将孔子的言论发扬光大，主要强调政治经济学的教授，他告诉我们"仁、义、礼、智"道德真相。

这两位伟大导师所教导的都是中国古人所敬重的。我们从孟子评述的他们教导人的五种方法或许能有所感悟，他说："君子教导人有五种方法：一是像及时雨润化万物那样化育人成长，二是适应其固有的德行而教之以成全其品德，三是因才施教使其能更好发挥自己的才能而有所成就，四是重点放在解疑释惑帮助解决人们的疑难问题，五是以自己的学识风范影响别人。"[11]

2. 汉代（公元前 206-公元 221 年）有以儒学复古为标志的另一次学问复兴。秦始皇（公元前 221-209 年）为了废除分封制建立统一帝国，处死了很多反对废分封建立统一帝国运动的儒生，下令焚毁经典。山东一位名叫伏生的学者，把他抄录的《尚书》书简藏到了墙壁里。在天下纷乱时期，他逃亡各地；

10　见《论语·子路》，原文为："既庶矣，又何加焉！"曰："富之。"曰："既富矣，又何加焉！"曰："教之。"

11　《孟子·尽心上》，原话为：："君子之所以教者五：有如时雨化之者，有成德者，有达财（才）者，有答问者，有私淑艾者。"

但当西汉王朝建立后，他又回来寻找其所藏的财宝。很多书简已经遗失了，有些毁坏了。然而，他以找到的那些为基础进行教授，据说山东各地的学者都来向他求教。

汉代晚期，付出极大努力恢复儒家经典，汉灵帝始将这些经典刻在石碑上（公元 175 年）。一种纸张的发明无疑强化了儒学复古运动的推进，这种纸张应该与埃及的纸莎草纸是一样的。就在这时，始于周朝的对候选官员的考试选拔制度，应运发展起来。考试增加的科目有"刑罚、军务、农艺、赋税、坤舆"。在这一时期，似乎一直指定一些专门的学者在全国各地讲授儒家经典。

3. 唐代（公元 618-907 年）出现了戏剧，同时叙情诗创作进入高潮期。翰林院就是在这时创建的，这是一个与宫廷关系密切的机构，帝国的顶尖学者可以聚集在这里抄写甚至撰拟诗文、起草帝国诏制。他们撰写的诗文，有些后来就成了所有诗文的范本，参加科举考试的人必须诚心诚意地学习这些范本。就在这时候，发明了石印技术，极大推动了文学创作的繁荣。这一时期另一特点是重建了科举考试制度（基于公元 600 年设立的科考制度），这一制度一直持续至前几年才宣告结束。秀才或者说是这一中国科考的最初等级学历，大约始于公元 621 年。

4. 宋代（公元 960-1279 年）以思辨哲学兴趣显著增长而闻名于世。在这一时期许多哲学家中最著名的是朱熹（生于公元 1130 年），他对经典所做的评注，自那时起一直被视为理解儒家经典的标准，不符合这个标准，即被视为异端。宋代科举考试地位有了很大提高，唐代创设的翰林院有了改进，每个城镇都设有不同等级的学校，演说、辩才优异的学生给予特别奖励。

科举制在 1903 年废除以前的五、六百年间[12]，参加考试的人数大增，但考试科目却逐渐仅局限于以儒家经典章句为题的诗文，武科举则附加箭术和骑术。尽管如此，我们依然没有理由认为这一时期的教育比古代教育效率低。

为参加科举考试，学子们要学习很长时间。富人通常有他们自己的家庭教师；其他人则联合起来雇一名教师。教师一般都是科举路上没有考取功名的人，或者是考取功名没有做官的人担任。

有几本书，小学生在开始学习经典以前要常常学习，尽管这几本书的使用，既不固定也不统一。计有六种这样的书：1.《三字经》（成书于公元 1050 年），所以叫这么个名字，是因为该书双行排列，每行三个字。2.《百家姓》，

---

12 此说不确，废除科举的诏令发布于 1905 年，1906 年始正式废除。

内容是通常使用的家族或氏族的姓氏。3.《千字文》（作于公元 550 年），列有
1,000 个字，其中没有一个字是重复的。4.《训蒙诗》。5.《孝经》。6.《小学》，
这是儒家经典著名评注、解说家朱熹为少年儿童写的一本书；《大学》。

　　学生要花 4-5 年时间背诵四书，即孔子的言论集《论语》；《大学》；《中
庸》；《孟子》。这些书籍只需背诵，不用理解。还必须以同样的方式学习五经，
即《诗经》、《尚书》、《易经》以及孔子所做的历史编年体史书《春秋》[13]。这
些书在教学生理解什么意思之前，绝大部分都要背下来。在教学生们解释这些
书的意思并逐步向他们介绍做文章的规则和技巧之前，毫不理解地去背诵这
些书是个十分枯燥的苦差事。整个学习过程的所有努力最终都是为了做文章。
这一科举考试之前的所有准备阶段的学习，通常是在一所学校里一个教师的
指导下完成，但有时候背诵阶段是在低级学校，解释意思的阶段在中级学校，
做文章阶段在再高级一点的学校。这些学校大多都是私人设立和管理的。

　　不过，这并不说明政府不关心教育。事实上，政府的教育思想不是通过设
立学校而是通过科举考试，给予成功者进入官场的奖励，或者至少是给学子们
一种进入官场的希望来实现的，而且，学习出众者在民众心目中总是受尊敬
的。

　　科举考试的三个级别，考生都要经过从经典中选出的题目做诗文这样的
能力测试。第一级通过的成为秀才，第二级通过的称为举人，第三级通过的称
为进士。第一级的考试在各县县城或各县较大的城市里举行。参加考试的人数
依各县的大小而不同，通常是 1,500-2,000 人。在长达两个星期的五场考试中，
逐步淘汰，考生越来越少，直到最后剩下 15 或 20 名被选中，这些人的名字就
报到省级主管教育的官员那里。

　　两三个或 10-12 个县为一府。县级考试结束后一个月，有 5,000-10,000 考
生再到府里来考试。县和府的考试都过了关的，由省里主管教育的官员再组织
一次专门考试，选拔出 15-20 名优胜者，授予秀才这一级功名。此后，这些人
可以免除肉体刑罚（中国所有法庭都施行肉刑），享有较高的社会地位，有权
进入第二等级的考试。

　　第二等级的考试每三年在省城举行一次，通常参加人数为 10,000 人。连
考三场，每场三天时间，考题与第一等级的考试相似，只不过程度更深广一些。
考中者通常约 100 人，这些人住处大门的两边，可以各竖一根高 3-4 米的旗

---

13 原文如此，遗漏了《仪礼》。

杖。这是向所有人表明这个人的举人身份。对他本人来说，有权在来年春天去北京与全国其他省份来的举人一起参加第三等级的考试。200 或 300 名在第三等级考试中的通过者，授予进士身份，大量被派到有空缺职位的低级衙门里任职。这些通过第三等级考试的人，还得到一项奖励，即可再经过考试，进入翰林院，成为翰林。这一次考试涉及经典的知识面更宽泛，需要写作能力更突出，通过者成为翰林院的修撰人员即官方诗人、历史学家，以及教育行政官员。皇帝每三年从整个帝国的学者中选取一人，授予状元头衔，这是给予考试通过者的最高头衔。

中国这种耗尽年华的考试制度，是帝国长期稳定的重要原因，但是随着时间的推移，长久推行这一制度的外在影响却不能不引起关注，于是，这一制度结束了。

5. 1898 年，光绪皇帝竭力倡导教育改革，废除八股，改试策论。数星期内，改革诏令引起了很大轰动，但很快被慈禧太后废止了，在这次危机中，她又重新训政，把光绪置于次要地位。同时，她指定端王的一个名叫溥儁的儿子为皇位继承人。然而，时代的潮流滚滚向前，难以遏止；1901 年，慈禧太后下令变法，包括对科举制的更多实际做法和内容进行改革；1905 年，谕令废止整个古老的科举制，在全国范围内兴办各级西式现代学堂。五年前，没人敢梦想会如此之快地发生这样的变化，更没有想到这次会严肃要求立即推行。这一次教育革命的重大和永久性意义，现在要做出评判，依然十分困难。

尽管山东没有专门教育方面的档案记录，但不要忘记这里是两位伟大圣人孔子和孟子的家乡，伟大的鲁国和齐国大部分都在今天山东境内，我们可以合理地推断，山东早期的教育特点与上述勾勒的中国过去的教育特点相当程度上是一致的。

1901 年，山东巡抚袁世凯阁下在赫士（W. M. Hays）神学博士的指导下，于济南府创设了山东大学堂。赫士博士先前是登州文会馆馆主（现在是山东基督教大学神学院院长）。在创设山东大学堂的工作中，赫士博士得到了登州文会馆最好的几名毕业生的帮助。不幸的是，在这一新式教育机构站稳脚跟之前，袁世凯调任天津。1903 年，赫士先生和其他基督徒教授感觉有人是要他们辞职，认为在孔子牌位前行礼这一难堪事，实际上是不想让基督徒学生进入大学堂学习，面对这一问题，作为基督徒教师，他们妥协了。今天，这所大学有很多困难，希望全国各省都建大学。最终，这所大学无疑将实现其理想[14]，成为山东教育工作的领头羊。

与全国其他省份一样，山东各县、府正在建立普通教育体系，这一体系都为升级大学输送生员。下面是山东省当局发布的概略统计资料，提供了一些目前各级学校的在校学生数：

（1）济南府城内的各类学校

	教师	学生
省高等学堂文科	27	239
省高等学堂政法科	18	454
农业专门学堂	17	201
高等师范学堂	23	227
女子师范学堂	7	57
模范中学堂	4	150
小学堂，40 所	63	1,800
医学堂（药学）	1	11
女子学堂，包括小学和中学	6	54
	166	3,193

（2）济南府以外的学校

	学校	教师	学生
师范学堂	4	56	919
中学堂	16	76	925
初级中学	135	341	4,947
附设小学之初级中学	124	297	4,242
小学	3,495	3,691	45,094
	3,774	4,461	56,127

还有一些与贸易、机械技能、丝织业开发有关的学校。另有 50 所半日学堂，共计学生 884 名，是为不能全天上学的学生开设的。

这些学校开设的课程，既有西学也有中国文学，所开课程是经过谨慎选择的。学生对教师空前未有的高要求，当然不可能立即得到满足，教师问题还要很多年的努力才能达到要求。但是，上述介绍的情况表明，地球上人口最多的

---

14 赫士退出之后，山东大学堂于 1904 年迁移新址，改称山东高等学堂。

国家已经开始的教育政策的和平革命，确是一件具有极重大意义的事件。

在过去十年间，近半个世纪前基督教教育家期望改变的局面，悄然发生了突飞猛进的变化。1864 年，狄考文（C. W. Mateer）博士和他能干的妻子搜求到六名小孩子办起了学校，迈出了实现他们早年办一所大学理想的第一步。可以这么说，他们一开始就打算要办一所大学。编写课本、雇用本地教师，甚至渴望创建西学。历经不屈不挠、坚持不懈的努力，他们夫妇及后继者奠定了深厚的现代教育工作基础，激励学生高尚的学问价值情感，不仅仅是为了有利于物质利益本身，而且要为唯一必不可少的关系人生各个方面的基督教学识而学习。1876 年，首批高等学堂的学生毕业，1882 年学校成为大学。1904 年，学校迁至潍县。现在，英国浸礼会和美国长老会联合开展高等教育工作，在潍县开办文学院[15]，青州开办神学院和师范学院，济南开办医学院。这所联合大学称为山东基督教大学。我们相信，这是中国联合进行完美高等教育的开端。在山东的所有差会共同更广泛合作开展教育工作的日子，似乎为期不远了。

山东基督教大学及其前身长期坚持完善工作和崇高基督教理想，毕业生遍布中国各地，给教会和乡村输送了许多思想优秀、具有服务精神的人才。

大部分布道站都开办了中学或专科院校，向山东基督教大学输送生员。而这些学校，又有大量设在布道站周围乡村的小学提供生员。也有一些为女子开办的学校，女子小学堂毕业的学生可以到这类学校读书。

一些在其他省份从事教育工作的到山东来的游客，常常说山东拥有中国最完备的基督教教育体系。这也许是对的，全省有志于基督教教育之士都一致认为，这一工作有望早日大规模得以扩展。

下面 1911 年 1 月收集的统计数据，或许能说明山东目前的状况：

山东基督教大学：	学校数	学生数
文学院[16]		320
神学院		20
师范学院		145
医学院		20
总计		505

---

15 这里所说潍县的文学院，又称广文学堂、广文大学、山东基督教大学文理学院，其前身即登州文会馆和英国浸礼会在青州广德书院中开设的大学班。

16 即设在潍县的广文学堂，又称山东基督教大学文理学院。

男子中学	20	836
男子小学	288	4,400
女子中学	14	569
女子小学	84	1,079
混合（男、女）学校	19{ 男	92
	女	153
总计	425	7,129

罗马天主教在山东的教育工作一直大多局限于在烟台和其他地方的实业学校教育，以及在济南府和兖州府开办的神学校神学教育。有不少罗马天主教和新教传教士相互尊重、合作，我们相信这将使大家要做的各项工作得以日益和谐地开展起来。

青岛的德华大学、烟台梅里士（Mills）夫人设立的启喑学校——中国唯一的一所启喑学校的情况，将辟专章详细介绍。

展望未来，相对轻松，可以肯定地说，山东现代教育体制将年复一年稳定地向纵深发展。将注重实践应用性学习（物理学、采矿、工程学、商业等等），以便大量开发自然资源，降低民众的生活贫困程度。中国经典将作为文学课学习，用来加强理解力、增加历史知识，拓展文学批评方法；要以现代观点重写中国历史教科书，更多地关注通史性内容。显然，还要开设法律课，有关中国古代人感兴趣的管理科学将予以相当关注。女子教育未来将有巨大进步，这将是未来教育发展的一个重要标志。

中国教育建立在其引以为豪的文学基础上，这种文学一直高度重视道德教育。我们将继续开设中国文学课，但要引入现代方法，加入介绍其他国家盛行的道德规范内容。我们也相信，学习历史，包括中国自己的历史，将使人们明白人类并非仅仅是依靠伦理道德生活，而要依靠宗教生活的力量将人与上帝连在一起。我们坚定认为，中国人也将明白，没有什么宗教生活能比基督教宗教生活更崇高更高尚了。进而他们也将明白，基督教起源于东方，但却是适合任何国家任何气候条件的宗教，基督教能将东方和西方联合为上帝——人类之父的一个大家庭。中国人的高尚伦理观，将因福音而得以升华，保罗说福音是"神救赎的大能"，福音确实能使中国人获得提升这个民族的最高公义。作为回报，中国人将过上纯净的生活，享有必要的物质福利和精神活动，从而忠诚地工作，提高教育效能。

中国历史上还有一个显著特点是对宗教的宽容。我们相信安排适当时间的历史课程，将不仅使中国人回想起这一事实，而且能认识到世界上所有伟大民族都已经接受或正在接受宗教自由原则。中国将会注意到一个真正伟大的民族必定是意识自由和崇拜自由的民族。

我们认为，这里也像西方国家一样，拥有国家和私人开办初、中、高等教育的广阔空间，所有人都应和谐一致共同艰苦努力工作，提高人民的身体素质、智力水平和精神生活水准。希望山东现在的教育方面的领袖人物所做的一切，能引导我们实现这一崇高理想。

第十三章　山东社会公共教育事业

怀恩光（J. S. Whitewright）博士[1]

本章拟记述 1887-1904 年在青州府的社会公共教育事工，以及这一事工 1904-1910 年间在省城济南府更大规模、更有效益的发展情况。

起初，社会公共教育面向官员和学者阶层；然而，正如以下所叙述的，开展这一事工不仅对官员和学者阶层产生了影响，而且继而面向所在社区所有阶层，在大量民众中产生了影响。

面向官员和学者开展工作所遇到的困难，使我们开始付出特别努力引导他们接受基督教义。值得注意的是，这些人当中很多人特别愿意听关于西方国家、西方科学和发明创造的情况；某种程度上可以说这是所有人都特别感兴趣的事情。

青州府科举考试期间，城里挤满了成千上万的读书人，可是，几乎没有人聆听基督教义，做过一些努力，但几乎没有人愿意听我们宣讲。当地官员和省城的过往官员，也很难接触。当时想如果能够使这些人与外国人建立友好关系，就有机会引导他们打破偏见，消除误解，尤其是如果使这些人直接受到基督教义的影响，则有可能取得理想的结果。正如上面已经指出的，我们时常观察到这些人经常愿意讨论西方科学、发明创造以及其他与外国有关的事情，并准备承认在某些事情上西方思想的优越性。

抱着吸引和影响这些人的想法，最初，我们于 1887 年在青州府开办了一

---

1 英国浸礼会传教士，1879 年至青州，曾在青州参与创办圣经学堂、教育博物馆（"博古堂"）、师范学堂等。1904 年，随青州教育博物馆迁济南。成为山东基督教大学社会教育机构的主要组成部分广智院。著有《汉语入门》（*An Introduction to Mandarin*）两卷。

个小规模的教育博物馆[2]，并附设数间接待室。

教育博物馆开办的第一年，没做任何广告，有 5,000 多人前来参观，第二年达到了 20,000 多人。后来，在上面提到的科举考试期间，一个月内有大约 20,000 参加考试的读书人参观了博物馆。1909 年，博物馆在济南扩展之后，参观人数达 215,000 人之多。

在详述社会公共教育事工之前，最好先说明一下开办这一事工的原则。诚恳地肯定中国和中国人的美德，抱持彻底的友好和同情态度，一直是我们的主要宗旨。我们的一些助手，觉得自己掌握了知识，有优越感，有时候易于以一种明显批评的语气谈论中国的事情，而这恰恰是他们的同胞所讨厌的。我们一直尽量避免显现消极、有争议的姿态。结果发现如果依照当地礼节以一种温和、恭敬的方式对待参观的人，而不以任何估计会惹人生气或厌恶的方式提及中国的事情，局面就相当好。我们已经认识到，虽然并非是总是很充分，在可能有效地帮助中国人理解我们之前，必须学会理解中国人。用伟大的神学家费尔贝恩（Fairbairn）博士在他的《基督教哲学》（*Philosophy of the Christian Religion*）中的话说，为了教导人，我们必须学会"从他们的意识出发用他们的眼睛观察世界"。

接待室，当地话叫"客堂"，安排得使来参观的人感觉就像是在他们的家里一样。也许应顺便指出，中国助手在他们放弃中国礼节（笔者坚持认为这种礼节或许是世界上最好的礼节）的时候，并不了解外国礼节，很多情况下由于缺乏良好礼节给人留下令人遗憾的印象，尤其是在面对陌生人的情况下，因而严重损害了他们努力的价值。

一直留心让我们的助手注意对待来参观的人，不管他是谁，都要像对待客人、朋友那样对待。教育博物馆何时开放或关闭，是根据一年当中的不同季节安排的，以方便人们来参观。日常开放全部免费。

世界上是否有任何其他民族比中国人更善于交际，值得怀疑。中国人非常善于交际。本章记述的社会公共教育事工同很多中国人建立了友谊。

已故仲钧安（A. G. Jones）牧师坚信上述方式，开办教育博物馆很好地印证了这一点。他说："这种努力试图减轻所有阶层中的排外偏见；澄清基督教名誉，较好地宣传真理；要达到这一目的，就要通过倾听能力并用眼神来告诉人们基督教及其所有活动的本性。"

---

2 在当地时称"博古堂"。

始于青州后来在济南更大规模举办的社会公共教育事工的主要目的，一直并将继续帮助在中国建立上帝之国。举办这些事业，寻求通过积极的、不会引起争论的方式消除很大程度上是由愚昧引起的偏见、误解和敌意；所做的一切都要有助于中国的进步和安宁；要使中国所有阶层中的所有人尤其是那些很可能决定中国是否安宁的人，同基督教人士建立友好关系；展示建立在基督教信仰基础之上的文明成果；通过博物馆所作这一切的目的，是要使人们了解并遵从世界救主耶稣基督。

1887-1904 年开展的事工比较简单，那时是在培养牧师、布道员和教师的青州圣经学堂前院开展这项事工。后来圣经学堂发展为葛罗培真书院（Gotch Robinson Memorial College），现在则成了山东共合神道学堂（Union Theological College of Shantung Province）。

关于青州的社会公共教育事工及其结果，或许可以引用山东共合神道学堂校长卜道成的话来做一说明。数年前，他提议将这一事工在济南进行扩展，他说：

> 今天像所有时代一样，中国富人的傲慢、有学问人的偏见都严重妨害他们接受真理；在中国，文人的敌意不可能完全消除，道理很简单，他们没有听过任何真正意义上的福音。

> 他们憎恨的与其说是外国人的信息不如说是外国人本身。他们的傲慢与偏见几乎全都源于他们的愚昧，更深层的原因则是他们对自己的愚昧毫无所知。问题的关键是：我们怎样去消除这种愚昧，消除他们对我们的敌意，我们宣讲的启示怎样才会有人听？假如我们不忠实地尽我们最大的努力，愚昧的责任就在我们自己。

> 我们不是要用通过官员们来改变中国现状的梦想欺骗自己，但很显然每个人都知道，在中国，如果要在多大程度上消除或减轻受教育阶层的敌意，我们就必须在多大程度上清除今天中国的反基督教势力。"上行下效"这句格言，深深根植于中国人骨髓。

他概要回顾上述青州的社会公共教育事工说：

> 很多年以前，青州圣经学堂（the Theological Training Institute at Tsingchowfu）开设了一座小型博物馆。"门户开放"一直是浸礼会政策的显著特点，浸礼会以外的人都很清楚这一点。博物馆开办第一年，有 5,000 人来参观。这样我们就通过博物馆影响了民众，特别是

它在外面的人心里的地位提高了。1893 年，圣经学堂扩建成了培真书院（Training College），这个新建成的书院的一个重要特色是"前院"一头有一座博物馆，另一头是一座小教堂，一边是接待室，另一边是讲堂。在这里，极大地拓展了以前所开展的事工。每年有70,000-80,000 人前来参观，有时候还要多一些；经常向参观者讲授科学和宗教，但所有社会教育事工的目的都是为了传播福音。博物馆一直开放，向在接待室里等候进博物馆参观的人们宣讲福音，或者是在小教堂里更系统更直接地宣讲福音。科举考试期间，可见到应试学子和教书先生们，或上午或下午，人数 20 到 200 不等，在聚精会神地听讲福音，如果不是这种方式，这些人永远不会听到真理的声音。

1904 年，胶济铁路修至济南，山东东部的官员们经过这里时不再像往常那样在青州府中途停留休息了。废除科举制也意味着学子们再也不会像以前那样聚集青州府了。青州府这方面工作的重要性大大缩减了，而济南府这方面的重要性则相应增强了。

1882 年英国浸礼会在青州举行的四人会议上，决定某些专门工作要立足于青州，以便影响本府的官员和学者，以后要建的博物馆则应以济南为基地，以便影响省里的官员和学者。

1905 年 12 月，济南广智院[3]第一批场馆由山东巡抚杨士骧揭幕开放。省高级官员本人确认一个基督教公共教育机构，这在山东历史上还是第一次。翌年，另一批场馆开放时，即能宣讲已故狄考文博士讲演时所说的"中国需要的基督教"了，济南府的主要官员和外国人一起聚精会神地听讲。

济南广智院建筑有博物馆、阅览室、图书馆、接待室、设 200 个座位的小讲堂、设 600 个座位的大讲堂，以及在另一院落单独为妇女开设的接待室、广智院工作人员的办公室和生活用房间。广智院内建筑面积总计 23,400 平方英尺。

参观广智院的人数，平常每天不下 300，特别时期每天高达 5,000 人。过去五年间，100 多万人参观过广智院。

下面是在广智院显要位置用中、英、德文撰写的介绍开办广智院的目的和广智院所做事工的说明：

---

3 青州博古堂迁至济南后进行扩建，直至 1910 年才彻底完工，改称"广智院"，这里为叙述方便，将尚未正式命名的博物馆译为"广智院"。

济南府广智院

本院旨在竭力促进了解自然、世界、历史以及文明进步的真相。
冀望以此进行开导教育，消除关于西方文明的误解，阐明基督信仰
真实性质及其对个人和国计民生的作用。本院的主要工作是联谊、
教育、宣教。

在接待室里，参观者们在联谊、友好的基础上互相交流，谈论广智院讲解
的教义和展出的实物标本。

博物馆展出自然历史模型，地理地图和地球仪，历史图表，自然地理学、
地质学和天文学方面的电动模型和图解，图解交通工作的模型，演示实际运用
科学的仪器设备、制造业样品，标示教育、商业等方面进步的图表，教堂、救
济院、学校以及其他西方直接体现基督教作用的模型和图片。

图书馆和阅览室里有翻译成中文的最好的文学作品，供参观者随意阅读。

讲堂用作福音布道，也讲授科学、历史以及其他特别重要的问题。

女接待室为妇女提供膳宿。

由上可见，济南府广智院所有事工的目的是帮助消除误解，尽一切努力开
启促进中国的幸福和进步之路，帮助促使东西方互相帮助、和睦谅解，总之是
要使人类知晓救主耶稣基督。

"联谊"工作包括出去走访和接待来访者；来访的主要是官员、学校校长
以及这一阶层的其他人。已经与中国朋友们建立了亲切关系，广智院得到了中
国朋友的实际性帮助。在广智院工作的中国助手们总是与这些来访者在一起。

"教育"事工以同参观者交谈以及随时随地讲解展品和仪器的方式，每天
都在进行，这项事工主要是由训练有素的中国助手们来做。传教士们则向各类
各级学校的学生们发表演讲，内容是学生们可能感兴趣和对他们有价值的问
题。听讲人数 200 至 400 人不等。最近在向培养准备负责新建模范监狱人才的
学校里的学生们演讲"西方国家的监狱和惩罚方式"。今年向学生、官员和其
他人的演讲，一直由神学博士明恩溥（（Arthur Smith）牧师负责。

偶尔利用放幻灯和电影进行演讲，幻灯片和电影的内容都是反映西方现
在生活的。这样的演讲课吸引了大量听众。

经常到广智院参观的不仅仅是济南各类各级学校的学生，全省各地到济
南来参加各种考试的人也成批成批地到广智院参观。去年到广智院参观的学
生约 43,000 人。

前面说过的阅览室，也可以看作是开展课堂教育事工的地方。这里有基督教和其他方面的书籍、报纸。每天在这里都能读到基督教报纸和当地报纸。1909 年有读者 37,000 多人。

广智院的"布道"事工，需要一篇专门文章予以介绍。布道是在小讲堂里进行，有参观者参观，每天要一直不间断地演讲。这些布道演讲通常有 30-40 人到 100 多人听讲。一般听得都很认真。人们在广智院里其他地方所看到和听到的，是吸引人们来这里的基础。

在每年一次持续约一个月之久的大集市期间，专门努力做好布道工作，有时不得不开放大讲堂。听众一度每次 300-400 人，或者更多。演讲从早到晚进行，期间有短暂的间隔；这时候就从其他宣教地挑选一些人来帮忙。今年（1910年）的大集市期间，有 52,901 人来广智院参观；其中 41,323 人聆听了布道演讲。在这样的大集市以及节日期间，有大量的外来移民到广智院来参观。每次通常大约 20-50 人一起来。这些人是中国社会中很少一部分人的代表，值得注意的是他们是最专注聆听基督教启示的一部分人。有一年来广智院的外来移民约 19,346 人次。其他一些年份外来移民访问广智院的人次比这一数目多得多。

广智院每星期只有一天为妇女开放。开放日，大量官员们的妻子到这里来。五年来，估计有 2,532 人次官员太太参观了广智院。欢迎其他社会阶层的妇女到广智院参观。去年，到广智院参观的妇女 13,000 多人次。

广智院派人到官员们的家里对官员们的妻子进行回访，也接待官员们的妻子回访。已经打开了各阶层许多家庭的大门，至少是很容易与他们建立友好关系。用幻灯和电影辅助进行的通俗演讲，偶尔对妇女开放，很受妇女欢迎。

有一位来广智院参观的人邀请传教士的妻子到她家里办一个圣经班。这位传教士的妻子每隔几天到这家人家里去，那里有时集结了 30 名妇女在一起互相交谈和接受指导。

1909 年到广智院参观的人次各类统计数据如下：

1909 年参观总人次 215,099；官员，1,085；学生，43,477；朝圣者，19,346；阅览室和图书馆读者，37,966；官员妻子，552；其他妇女，13,645；士兵，11,480。还有其他社会各阶层的民众（注意，1909 年官员参观的人次比平均数少得多是由于一些官员的任职地区变动和其他原因）。

要记述广智院里所有活动的内容，需要很长一篇文章来完成。广智院的吸引力首先来自于班扬（John Bunyan）所描述的"眼帘"（Eye Gate）。前面引述的广智院的事工和方法的介绍，使人们对这里情况有了大致的了解。长期计划补充的内容最近也都补齐了。像著名的"史部"（Historical Section），即通过地图、图表、模型、凸版印刷文字，展示宗教尤其是基督教对国计民生的影响。孟子在如此久远之前所说的"顺天者昌，逆天者亡"之真理，将得到证明。

因此，总体上说，教育博物馆作为一个整体，其目的在性质上不同于其他任何教育机构。它的主要目的是使人们了解上帝的作为与事迹，了解基督教信仰的力量，并帮助中国接纳这一信仰。

各国到济南访问的来宾都参观了广智院。来客登记簿300多位签名者，并不是基督教团体的人；他们代表了不下15个国家。登记簿显示来的比较多的是德国人、美国人、英国人和日本人。有时候有机会与他们交谈，所谈内容并不仅仅限于广智院，而且涉及一般传教工作。这正是广智院的某些价值所在，因为总体看来，这些来宾对到东方传教的情况出人意料地几乎一无所知，甚至长期在中国居住的来宾也是如此。最近一位欧洲官员偶然到广智院参观，当时一名中国助手正在利用图表演讲关于彗星的知识，那时候出现彗星民众感到严重不安。因为这位欧洲官员能够听懂汉语，很有兴趣地跟着听了演讲，事后他表示开展这一类事工很有意义。这样的参观访问总体说来对传教工作具有特别重要的意义，不少参观者们的诚恳态度肯定对在广智院工作的中外人士有所鼓励和帮助。

一位著名科学家在谈到这些事工时说这将使人们明白一句古老的谚语："科学是信仰的助手"。在广智院工作的人们坚信知识确实对信仰有帮助。

来广智院参观的人不仅仅是周围的人，而是来自全省各地，也有其他省的官员、商人和其他一些到济南府办事的人。其中很多人都是生平第一次接触基督教。我们时常听到传教士和布道员们说广智院在这周围地区结交朋友和创造宣讲真理的机会方面所起到的作用。

应强调指出的是，虽然广智院特别希望影响学校和官方阶层，但它是向社会所有阶层开放的，正如我们已经看到的，有大量各个阶层的人到广智院来参观。总之，广智院力图向所有人开放，欢迎所有人来参观；作为开导和启蒙的学校，这里完全免费。这里的教会事工是寻求促进上帝之国的发展、显示基督信仰保障国计民生的力量为最高目的；展现唯有基督信仰能带给现在及未来的人们以希望。广智院将竭尽全力使人们认识永生之神。

怀恩光（J. S. Whitewright）1910年11月17日

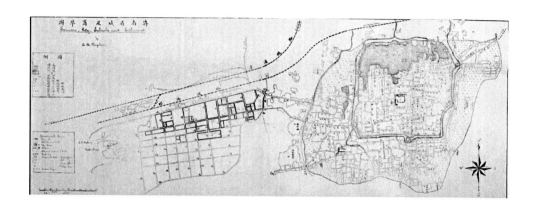

第十四章　山东医疗卫生概况

章嘉礼（Charles F. Johnson）

医学博士[1]

　　从医学观点看，山东目前存在着与全世界从业医生所面临的同样问题。当然，两种生命形式不可能完全相同，两块地里的谷物也不会长得完全一样，所以，两个不同病源区的发病症状与临床诊疗方法也不会一样。

　　山东的经纬度与地形地貌自然位于世界上比较有益于健康地区的行列，这里人民相对强健的体格能够说明这一点。在山东，总的说来像在中国其他省份一样，没有检测公共卫生的规则。官方不发布死亡率，不进行疾病防控，也没有公共医院疾病记录，甚至没有可供人们判断一个国家总体健康状况的人寿保险统计资料。然而，在山东的外国人一般都认为山东终年日照充足，空气清爽，山谷、梯田排水畅顺，气候平和，没有严寒酷暑，拥有许多有益于人民总体健康的自然优势。不过，对待公共卫生的惯常做法极其糟糕，在西方国家被认为是十分错误的，这里的人们却置之不理。农村村庄周围甚至大成镇的低洼之地，积水数月之久，事实上这些积水不用多少时间也不用花费什么金钱就可以清除掉的。污水坑和露天排水沟与供城镇用水的溪流紧挨着或干脆直接相通。私人住宅和公共机关的大门口，露天堆放垃圾和粪便，成为传染病菌滋生之地和传播途径，这些病菌往往随时准备突破公共卫生防线薄弱之处，侵害公众健康。大多数民众缺乏清洁卫生条件，他们居住在狭窄、通风很差的屋子里，饮食单调粗劣，很不规律，一切都不合乎卫生法则，

1　美国北长老会医生传教士，1890年来山东，在沂州府（今临沂市）主持那里的医院工作，1908年调济南，任教共合医道学堂，后在齐鲁大学医学院任教。

人们就那样生活着。

官方对公众健康这一大问题不予重视，没有采取必要的措施，并不是因为他们对社区福利漠不关心。原因很简单，那就是谁都从来没做过这些事；为什么从来都没有人做这些事，大多数人都有充分的理由。幸运的是，中国人中这一强大的习惯性力量正在慢慢消失。现在正在做一些以前没有做过的事情，有时候还做得很彻底，令西方人感到吃惊。例如，严禁罂粟种植和吸食鸦片。当局正确处理这件事很可能是为了改善公共卫生条件，促进公众健康，很多公共卫生问题并没有完全彻底的变化。比如说，疟疾问题，尽管不像南方一些省份那样严重，但也是山东经常流行的一种疾病。那么，如何通过排水和合理地使用煤油来消除疟疾这种疾病呢？要让民众知道蚊子传染疟疾的危险，蚊子是在死水塘中滋生繁殖的，因此，如果能把积水排走，就永远不要让它成为死水；不能排除掉的死水，洒一层煤油就能防止蚊子滋生。

肺结核病非常普遍，在较大规模的学校的学生中尤其如此。这里官方应参与正在进行的对付共同敌人的世界性战争，宣传保持空气清洁的意义，蒙头睡觉以及不做户外活动的危害，宣传保证皮肤毛孔畅通的重要性，毛孔畅通散发身体氧化运动中产生的废物（健康的皮肤每天排放新陈代谢物约两磅），让民众认识到牛奶的食用价值——山东人几乎不知道这一点。尤其重要的是，要使人民认识到痰是传播传染病的致命因素，而现在人们却随地吐痰。

每个国家都有各种令人厌恶的皮肤病。这些皮肤病当然并非是完全由于不讲卫生引起的，但一般来说，了解肥皂和水的预防价值与作用，甚至在很多情况下用肥皂和水来治疗皮肤病，对那些遭受皮肤病折磨的人都有说不清的好处。

对严重传染病实行隔离的问题将很难处理，因为人们居住非常密集，那么多人在一起共同生活。不过，在这个问题上，如果官员们真正当回事，大多还是能够解决的。

关于公众和环境卫生问题，全世界正在做的事情，这里仅仅刚刚有些要做的迹象。我们希望在拥有数千万人口的伟大的山东，官员们能尽早尽快更加密切地关注这一问题。如果我们设立一个省卫生局，在全省较大城市中设立其下属机构，就能各负其责地照管和保护公共卫生。军队中的医务部门这方面做得很认真。许多军营中有合格的西医开业医生，著名的像济南府军营中的鲁克

（Luke）医生和潍县军营中的葛（Ko）医生，这些医生都非常注意驻地士兵的卫生问题。

在军营，污水和户外厕所有人照管，对每日饮食进行检查。诊所全天候为病人看病，传染病人实行隔离；运用这些真正重大进步的方法仅仅是数年以前才开始的。那些使用新方法的医生有的是西方医学培育的，有的则是中医。把中医全部视为庸医或江湖骗子是非常错误的。从中医的观点来看，那些人有许多高明的手段，受过良好的教育，数世纪延传的中医体系不可能不具有大量优点。我们倾向于嘲笑一些中医使用的方剂，像虎牙虎爪，各种动物的脑髓以及人体各种器官，但当我们想到器官疗法正在我们自己的疾病治疗中发挥的重要作用，或许慢慢就不会再那么嘲笑这些方剂了。

军队中的医疗卫生机构和济南府设立的公共医院和诊所，都是官方将西医引进山东的结果。济南府的西医院和药房是由巡抚直接监督的免费医疗机构，由公共财政支持。这家医院和药房是西郊一座旧庙宇经部分改建而成，有一名德国医生和他的助手负责。每天来看病的人非常多，但由于缺乏适当的病房，住院治疗的人很少。在同一地点还开设了一所中医院，有一名有能力的中医负责，看病也完全免费，以便前来看病的病人进行选择是看中医还是看西医。有趣的是，看西医的病人是看中医的三倍。

西医进入山东与全国其他地方一样，是由传教士传入的。我们的救主，第一位来到这个罪恶的被诅咒的尘世的基督教传教士，同时也是一位伟大的医生，所以他的信徒同心协力在圣灵引导下拯救世人的身体和灵魂，正如救主派他的门徒宣讲上帝之国医治病人一样。

医药布道工作开始力量微弱，发展到今天，山东境内各主要城市几乎都有了西医医院和诊所。在山东各地开设西医医院和诊所的主要差会团体有：英国圣道公会在乐陵和永平府，美国公理会在德州附近的庞家庄、临清州，英国圣公会在平阴、美国美以美会在泰安府，美国长老会在济南、济宁、峄县、沂州府、潍县、登州和烟台，英国浸礼会在济南、邹平、青州府，美国南部浸信会在莱州府、平度和黄县，中国内地会在烟台，德国新教差会在青岛，都开设了西医医院和诊所。手头没有这些差会的确切统计数字，但差不多可以确定去年到这些差会办的医疗机构看病的人超过 200,000。如果每个病人一年去了两次（很可能是不止两次），我们认为一年之内有 100,000 人在这些地方看过病。由于去看病的人近一半有亲人或朋友陪同,那么山东去年大约有 150,000 人在到这些医院和诊所看病时听讲了福音故事,或是在候诊室里听布道师讲道。这些医疗机构共收治了 4,000 个住院病人,每个病人住院治疗一星期到几星期时间。这些病人几乎都有一两个朋友陪伴,我们了解到有 7,000 或 8,000 人在医院数星期之久,有一些住了几个月时间,他们直接受到了福音影响,因为他们在病房里听到了他们的主治医生和助手以及医院布道师讲授福音。

如果过去曾经培养医生和设立医院的话,那也仅仅是为了治疗病人,这样的时代过去了。现在的医生和医院有了更高的目标,那就是要防病和使人民保持健康。所有住院病人和数以万计到门诊看过病的人,回去后都清楚地知道他们必须做些什么不要让病复发,必须做些什么来保持将来健康。毫无疑问,这些知识不会持久保留,但很多情况下转变成了人们的常识。比如说,每天在医院里清洗伤口和给伤口上药的时候,医生会告诉他们要治好这些伤口,就一定要保持清洁,不能用肮脏的红布包裹,就那样不管它。要尽快止痛、消肿。要把脓放出来,不能用一块黑膏药盖起来。把脓放出来、消肿,发红的边沿地方就不再扩大了,这些红肿的边沿地方不要动它,不能用烧热的针去刺它。

山东这样的医院和诊所每年都有所增加,逐渐在民众中传播必定有利于公共卫生的实在道理,以及令人信服的可行方法,这些方法就是那些实在道理价值的具体示范和实际体现。

关于山东的医学教育,中国人没有开办医学校。中医在这里和中国其他地方一样,是通过行医学做医生,没有民法或道德法规不允许人们行医,只要他有足够的自信和能有一定数量的病人来看病,他就可以做医生了。

1883 年,美国北长老会聂会东(James B. Neal)博士来到山东,拟在登州文会馆开设医科。然而,那时候唯一可做的事情是办了一个 5-6 个学生的医学班,他们更多的是在医院和诊所而不是在学校里。聂会东博士 27 年来一直不间断地连续开展医学教育工作,教学,翻译教科书,不失时机地抓住一切有利机遇推动医学教育,总是把在山东建一所设备完善的医学院作为最终奋斗目标。

山东巡抚参加山东基督教大学医学院（共和医道学堂）
1911 年 4 月 10 日开学典礼

1909 年兴建的共和医道学堂主建筑

　　山东各地的医院和诊所都一直在不同程度上开展医学教育，尽管不很系统。不过，在英国浸礼会和美国北长老会最终达成一项联合教育计划时，其中包括了设立医科教育的计划。根据这一计划开设的医科教育，最初采取四年学制轮流到两地由两个差会医生负责管理学习的形式。1905-1906 年间，两个差会设立的一个联合委员会制定了建立山东基督教大学医学院的计划。感谢阿辛顿基金（Arthington Fund）的慷慨捐款，第二年在济南府南郊浸礼会附近购得了土地，1908 年秋开始动工建造。

　　1910 年春，虽然医学院和医院各建筑尚未完全竣工，但已经开始接收学生了。已经教授了三年各种医学知识的联合医学班的学生，作为新建医学院四年级的学生进驻，新招收的 10 个学生则在新建医学院开始了他们一年级的学习生活。

　　目前，医学院和医院有下述建筑组成。首先是一座三层主楼，内有礼堂、手术室，一个有 50 名学生座位的阶梯教室，各教学用教室以及组织学、药物学、生理学、病理学以及临床实验室。塔楼顶层建有风车房，内装一个大型水槽，从那里为整座楼供水。底层和在北配楼里的手术室由蒸汽供热，二层和三层由热气炉供暖。这座建筑非常坚实，采光很好，适合计划在其中进行的各项工作。现在这座建筑有一部分用于较高级的病房，但随着医学院的发展，学生数量的增加，还要建其他建筑作病房，这座主要建筑需全部用于医学院开展教学之用。

　　在主楼与前大门之间设有门诊室，宽敞的一层建筑里有男、女候诊室、咨询室、药房、小型手术室。

　　主建筑的前面，建有门房、仆人宿舍、隔离病房、普通医疗检查用的病房。医学院院长和一名教授的住宅位于主楼南面，各自单独一个院落。校园的东边，有一条贯通校园的南北车道，并建有学生宿舍、中国教授住宅以及访问医生住的平房。

　　山东基督教大学医学院的财产虽然属于英国浸礼会，但却是由英国浸礼会和美国北长老会联合管理的。希望以后其他传教团体也能参与进来，使这座医学院成为山东省所有医学学生和所有宗派的医学院；这里出去的毕业生都成为他们所在地区的光明和影响的中心。也希望这所医学院对山东官员们和其他杰出人物产生影响，以便用不了多久，从医学的观点说，或至少是从目前所做的一切满足山东全省医疗需要的角度说，呈现完全不同于境内今天的局面。

共合医道学堂[2]开学

在山东基督教大学发展过程中，另一件重要标志性事件是 1911 年 4 月 17 日共合医道学堂在济南正式开办。不过，学堂的常规班，早在上一年的 3 月就已经开学了。

共合医道学堂位于南城郊西部，有双重优势，其一是济南城很多较富裕的人在这里定居，其二是这里毗邻南城郊和西城郊人口密集区，能提供充足的临床素材。

山东基督教大学起源于英国浸礼会和美国北长老会为了联合兴办高等教育而达成的一项协定。目前文学院在潍县，属于美国北长老会，神学院在青州府，那里是英国浸礼会布道站所在地。

这里应补充说明的是，联合办学计划是要把三所学院迁至济南合并为一所大学，此外也希望其他差会加入进来。的确，英国圣公会已有一位代表在潍县文学院工作了三年。

医道学堂主建筑是一座壮观的三层楼房，底部是未经完全加工的石灰石，上面是灰砖。内有必须的教室和实验室，包括一个足够大的手术室。这座主建筑的图纸是潍县美国北长老会罗嘉礼（Charles K. Roys）博士设计绘制的，负责指导建造的是英国浸礼会建筑师佩里安（G. H. Perriam）先生。

用于购买仪器设备的有限资金，使用一直非常明智审慎，希望能有更多的资金来源，尤其是在学生增加以后。现有 21 名学生在这里学习。

主建筑之外，还有一处免费诊所和医院，学生们可以在那里实习。另外也有学生和教师宿舍，到这里讲课的访问学者的宿舍，两处外国教师的住宅。

4 月 17 日星期一上午，开始有人来参观。有很多外国人，有传教士，也

2　共合医道学堂（The Union Medical College），也就是上文所说的山东基督教大学医学院，只不过在正式设立前是依据最初的设想或计划，笼统地称之为"山东基督教大学医学院"，那时没有一个集中的办学场所，学校教育是济南、青州、沂州（今临沂市）、邹平等地轮流进行教学；正式设立之后，因为山东基督教大学仍然还是三地办学，医学院有了固定的地点，英文中加了一个"union"，中文名称称为"共合医道学堂"。共合医道学堂、山东基督教大学医学院，两种称呼指的都是一个学校，在英美人心目中都是山东基督教大学医学院，只不过时间不同说法不一样、正式设立后有了固定的中文名称而已。这就和潍县的广文学堂很多时候英文中称为山东基督教大学文学院、文科（事实上是文理学院，也称文理科）的道理一样。另外值得指出的是，作为近代山东医学教育和医院的关系，在共合医道学堂设立之前，主要形式是医院附带进行医学教育；共和医道学堂设立之后，才与今天我们所熟知的一致——医学院附设医院。

有些不是传教士；很多官方半官方中国朋友，其中有洋务局（Foreign Bureau）的代表和山东巡抚孙宝琦阁下。笔者计数共 37 顶轿子，而轿夫、骑马随从、打红伞的以及警察则难以计数了。

通知说在一楼会见，各个屋子里悬挂着标示客人位置的小旗子，中外朋友之间十分友好地交谈，大家在医学院院长聂会东博士的引领下到各处参观视察，医学院的教职员维特恩（Baron von Werthern）博士、章嘉礼（Charles F. Johnson）博士、徐威廉（William M. Schultz）博士随同协助带领客人参观视察。11 点，大家在上层会议室聚齐，校理事会主席常思德（Johnson）博士请英国浸礼会的哈蒙（Frank Harmon）牧师向客人们介绍医学院的现状和宗旨，哈蒙牧师的介绍措辞非常谨慎，字斟句酌，巡抚站起来发表了令人印象深刻的演说，他刚刚扑灭了一场瘟疫，说这多亏了西方医药帮忙。他特别强调卫生知识的重要性，官方通过最近一系列事件对此有了深刻认识。他说，现在所做的一切要用于保障黄河水灾以及华中大饥荒引发的公共卫生问题上，预防要比治疗更重要。他的演说获得了热情的赞赏。

文学硕士、神学院院长卜道成（J. Percy Bruce）牧师祷告了之后，聂会东博士对帮助设计和建造医学院的人们表示感谢，全体人员移至隔壁房间，房间里准备有大量茶点。一次非同寻常、令人愉快的活动到此结束了。

巡抚慷慨捐助医学院 1000 两白银（700 美金），所有人都感到高兴。无疑，这笔钱部分是对医学院教职员免费帮助扑灭瘟疫的回报，但也应该看作是关心新建医学院的表示。

4 月 18 日，传教士夫人们接待了前一天来的尊贵客人们的妻子和女儿，19 日，新建医学院向中国基督徒和周围的邻居们开放参观。我们不能不记下整个参观过程中最令人关注的一个重要角色，那就是可怕但又十分逼真的侏儒模型——"假人"，赢得了所有人的同情。

这次活动亦可以说是以巡抚为了答谢青岛政府、新教和天主教传教团体帮助扑灭瘟疫而举行的一次招待济南外国居民和客人的宴会宣告结束。巡抚身穿制服的乐队演奏了极为优美的乐曲，我们在音乐的伴奏下进入了会客厅，事先准备好的奢华电灯光闪耀起来，我们同这位 30,000,000 人的统治者握手，围着摆放中式菜肴的宴会桌坐下来，用餐方式则是外国风格；我们倾听巡抚正式友好的感谢演说，只是我们当中有些人很难感受到这一点。对我们有些人来说，这一辉煌场景渐渐淡漠，过去 25 年的经历浮上了心头，那时我们就住在这座中国城市中国人的房子里，走到街上，总是会遇到的不同程度的公开侮辱，那时这样面对面的倾听山东巡抚的谈话，就会立即想到这是在晋见皇帝，真的是"时代变了"。

风景名胜与政治中心

第十五章　山东省城济南府[1]

济南府文学硕士、医学博士聂会东

正如古老的记载所说，约在公元前 22 世纪，适值著名帝王禹通过疏导治理水患而名扬海内之时，在现今济南城郊内建立了一座名叫谭国的小城。

古时候，谭国以东约 25 英里处，有一个叫做济南的小王国。济南意为"济水之南"，济水是一条自古以来就闻名的小河，为这一地区的大量泉水汇集而成，现在则以小清河著称。济南国的国都是一座叫平陵或东平陵的大城，不知什么原因，秦朝时全部迁移。大约在公元 3 世纪，利用正在扩建的那座不重要的谭国小城，叫起了已不存在的济南国都城的名字。现在济南东 25 英里处的龙山村附近，仍然可以看到象征东平陵古城墙的土墩。

传说男人们肩靠肩排成一队，一直排了 25 英里多长，他们在一夜之间手递手转运了已毁坏的东平陵城物料。然而，用这种浪费办法建造济南城损耗极大，以致原东平陵城墙周长 20 华里，而在新的地址，他们只能建一座周长 12 华里的城，约合 4 英里，亦即现在济南城墙的规模。

数百年之后，毁掉了一座叫做全节（Chuanche）的小城，物料用来修缮和加固了年久失修的济南城墙。

谭国城原址似乎在今天历城县衙门周围，因为就在县衙门外的一座装饰拱门上有"谭子旧封"铭文，牌楼向东的一面则铭刻着"平陵古邑"四字。

济南城南门内有一口很有名的井，今天仍然使用，据说是舜帝掘的。该城的记载说舜帝曾在城内现在叫做"历山顶"的地方耕种过，历山顶是城内最高和最干燥的地方之一，这说明今天城厢内外见到的沼泽，上古时代就有。

1　本章主要部分最初发表在《东亚》（*East of Asia*）杂志上，经作者最近进行修订后，载入本书。

　　说来奇怪，在建造济南城现在四周的城墙时，北面直接穿过了一块沼泽地，因为圈在城内的一大片沼泽无法用于建筑，形成了所谓的"湖"。该湖占城内面积四分之一，分成许多块，归属不同的主人，这些湖的主人在各自所属的地方种植芦苇、藕和好看的睡莲，此外还养蛙和鱼，蛙在这里是餐桌上的一道美食。分割的湖面上有清澈的水道，夏季水道两边都是高高的芦苇。炎热天气，水道上小船往来不绝，载着追求享乐的人们到湖中各处的茶房、庙宇和祠堂。

　　在这些人们常去游玩的地方，最晚修建的是一座李鸿章纪念祠，位于湖南岸边，可从陆地进去。该祠时常是官员们宴饮和其他娱乐活动的场所。

　　另一座著名的祠堂是为张曜修建的，张曜是一位极受欢迎的巡抚，1891 年病故。这里人们普遍哀悼张曜，是因为他对穷人，特别是对一次次来参加三年一度乡试的穷书生慷慨救济。他的个人生涯很有意思，展示了中国人生活实质上民主的特点，即不管是什么人，哪怕是出身最卑贱的人，也有希望赢得声名。张曜一生的经历，简单说来——

　　年轻时，他是一名普通的苦力。有一天，他肩扛一袋盐，看见一个男人在打他的父亲，这种不孝行为令他怒不可遏，遂将盐袋砸到了那个流氓的身上，流氓立即毙命。为了活命就必须逃走，于是他到了远方的一个城镇，在那里与一伙亡命徒为伍，并成了这伙人的头目。过了些时候，他所在的那座城镇被一支盗匪军队围困起来，这支军队威胁要攻取洗劫那座城镇。当地知县出示悬赏，谓若有人解救该城脱离险境，则酬以重金，授以荣誉。张曜自荐率同伙救城成功，得到了某种差事。从那以后，即在官场中不断稳步升迁，直至受命为山东巡抚。虽然张曜本人未受过教育，但他极为关心苦读学子，因而受到了文人学士的深切爱戴。

　　城内特别显耀的建筑，仅有咨议局和图书馆。

　　咨议局位于济南城西北角，1909 年建成使用，占地为原贡院的一部分。贡院以前的房屋已全部拆除，地基被分成了三部分，一部分归提学使（Literary Chancellor）衙门，一部分归图书馆，第三部分即划给了咨议局。咨议局是座很大的圆顶方形建筑[2]，有高出的讲坛，讲坛周围安排了半圆形的坐席，供主持会议的官员和其他人就座。咨议局装饰有各国国旗，用一条绳串起来悬挂在参加会议的议员们上方。1909 年，咨议局举行第一次会议，约有 100 人出席，

---

　　2 因远望形似喂养百灵鸟的笼子，俗称"大鸟笼子"。

其中 20 人组成常务委员会，有权在常规会议闭会期间处理事务。这 20 人的住所在咨议局就近解决。

THE LAKE, TSINANFU.

济南府大明湖

OUTSIDE CITY WALL, TSINANFU.

济南府城墙外景

图书馆位于大明湖岸边，离咨议局有一箭之遥，庭院秀丽，有活水不停穿流其间。建筑有一部分为两层建筑，供藏书用，藏书似乎颇富；另外一部分为一层结构。该馆最显著的部分是令人愉快的大型圆形阅览厅，窗户众多，光线充足，内设许多桌子供读者使用。这家图书馆现正在认真尝试保护某些在全省各地发现的著名铭刻碑文，方法是把它们运到该馆庭院，筑到墙里，或放在玻璃罩下。

济南城内众多衙门中给人印象最深刻的是巡抚衙门，该衙门位于城中心，地盘很大，高墙院内有一批名树和一座叫做"珍珠泉"的池塘，池塘旁边是接待厅，巡抚经常在这里举行正式宴会招待外国人和高级官员。

济南城的主要大街，宽约 25 英尺，横贯东西，沿街许多地方排列着良好的店铺，向人们展现一派秀美景观。值得注意的是，在过去数年中，这条街上拆掉了许多房屋，建起了两层楼商店，为的是呈现更堂皇的门面，应付日益拥挤的交通，交通拥挤现象是 1904 年胶济铁路开通和对外货需求增长所造成的。一些商店储存有大量外国货物。

济南城内值得注意的教育机构有师范学堂、法政学堂和客籍学堂（College for ex-Provicials），在这些新政体制下建立起的学校中，师范学堂最为繁荣。

用砖砌的城墙据说 35 英尺高，在这一城墙之外，有座很大的城郊石墙[3]，是天平天国之乱期间修建的，距今仅 40 或 50 年。这座城郊城墙围起了大片地区，既有未占用的空地，也有多建筑的近郊，西、西南和南面城郊，人口密集，一片繁忙景象，东部城郊虽然不那么广阔，也有相当大的地盘。由于整个城北边是城内大明湖延伸出来的沼泽地，因而北边没有城郊地带。同样，除了大明湖湖水流经的水门之外，北边没有城门。

穆斯林聚居在西部和西南部城郊，据说总数达 2 万或 3 万人。西南城郊城门不远处，有一座堂皇的大清真寺，另一座清真寺在西城郊。他们似乎过着节俭的生活，人口繁盛，从那一带的孩子数目看，人口规模并没有减少。

在西城郊，离城西门不远处的该城最繁忙的地段附近，有山东医院，（Government Hospital），除限额住院病人之外，每天以西法治疗病人 100 余名。以前的铜元局（Provincial Mint）也在西城郊，但后来改建成了现代造纸厂。西城郊和西南城郊外面，有一片新增的城郊地带，这一片新增的城郊以前

---

3 即"围子"墙，又作"圩子"。

有土墙围着，现在几乎看不出来了。

西城郊外面，位于城郊城墙和商埠之间的一条新修的碎石路上，近来刚建起了模范监狱[4]，建筑宏大，在现在即 1910 年写这篇短文时，尚未投入使用。新修筑的一条碎石路，连接一道新开的门[5]和火车站。

在西南城郊城门的另一边，有山东高等学堂（Provincial College）[6]，校舍宽大漂亮，耗资约 3 万两白银，配有电灯和供水系统。目前校舍可供 400 多学生食宿，现有学生 367 名。该学堂的三座主要建筑为两层结构，上层设计为图书馆、博物馆等使用。有两名外籍教授在这里任教。

南城郊内有陆军学堂（Military Cadet School），建筑大都为两层结构，仅挨着这座学堂的东边，则是巡警学堂（Police School）。

英国浸礼会（English Baptist Mission）的房地产也在南城郊内，主要建筑有接待中国人的会客套房，一座讲堂，一个设备完善的大博物馆[7]，两处寓所及一座宽敞的教堂。每年有 20 多万人参观博物馆，另有数百人晚上到博物馆来听与该馆有关的演讲。

与英国浸礼会相邻的是共合医道学堂（Union Medical College），为山东基督教大学医科，开设于 1910 年 3 月，主体建筑为三层，是济南到目前为止建得最好的楼房之一。

在东城郊，有美国长老会的建筑，计有两座医院[8]，一所男中[9]，一座教堂及 9 所外人住宅。

在离城 4 英里黄河岸边的济南港口濼口（亦作"洛口"）附近，有一座兵工厂[10]，装备外国机器，生产大量军火，既有火药，也有子弹。许多年来，这家兵工厂是济南和附近地区唯一一座使用现代机器并依照现代方法生产的厂家，但现在，已有数家采用西方生产方式的厂家了。例如以上提到的造纸厂、供全城用电的电灯公司，以及为全城各角落服务的济南电话有限公司，就都是这样的厂家。

4　模范监狱（Model Prison），是为清末新政时期以及民国初期的山东第一监狱，效法西方监狱模式。

5　即普利门。

6　校址为杆石桥西面，即现在的山东省实验中学。

7　时中文称"广智院"。

8　即"华美男医院"和"华美女医院"。

9　即"济美中学"。

10　即洋务运动时期建立的"山东机器局"。

济南的主要荣耀是其数量众多、永不干涸的清澈的泉水，南面和西南城墙处甚至城内尤其显著，巡抚衙门内的泉水为众多泉水中最好看的泉水之一，这里的泉水构成已经提到的"珍珠泉"。

另一处很大的泉水叫趵突泉，位于西南城郊，大概是该城胜地中人们最常去的地方。在这处喷泉的庙宇[11]及其周围的建筑里，每年春季举行一年一度的商品交易会，持续一个月时间，交易会期间，有数千人到济南来。靠近城墙东南角有另一股泉水叫"黑虎泉"，不停地喷涌出大量水流，显然是不受季节干旱的影响。

上述两处泉水大概供应整个济南城充裕纯净的新鲜水，而随着人口的增长，则可用附近的其他泉水增加供水。仅在数年前，新挖出两处泉水，并用墙围住引入小清河，该河前些年进行了疏浚清理，为的是把这条从济南至海150英里的河流作为一条运河利用起来。

据说济南有70多处泉水，由于这众多的泉水不停地喷涌，城墙周围的护城河注满了流动的溪水，极大地增添了四周如画似的景色。然而，很不幸，由于该城北面的地面平坦，富足的泉水使那一地区成为一巨大沼泽，假如小清河能容纳并流走全部多余的水，则该地情形将大为改观，但沼泽里的水不可能吸出注入小清河。结果，济南北部和城外的乡村，在7-8月多雨的季节极不卫生，随后数周时间，那一地区便流行疟疾。

虽然北部乡村平坦而又无趣，仅有一直绵延伸向北京的平原上突兀而起的数座小山，但城南地区却起伏不平，山岭几乎直至城郊南门。最近的山岭，也是最美丽的山岭之一，即是一大胜地的千佛山，从南城郊城门乘独轮手推车或人力车可轻易抵达。千佛山上有常绿树木。夏季和冬季均呈现青翠的美丽宁静景色。

从这座山上的寺庙[12]俯瞰山脚下的济南城，越过平原，跨过离城4英里的黄河，视野十分开阔，当田野里长满庄家时，景色非常优美，但若登上佛慧山（Pagoda Hill）山顶眺望，则更胜一筹，从山顶上不仅可以向北看到黄河穿越其间的平原，而且也可以向南尽眼力所及望见崎岖不平的山区农村。在晴朗的天气，从佛慧山顶可看到山东圣山泰山的轮廓，该山南去50英里，周围有连绵起伏的小山环绕。

---

11 即泉北的"吕祖庙"，又称"吕祖祠"。

12 指兴国寺，又称千佛寺，为隋唐年间陆续建成。

传说济南是用一条看不见的绳子拴在佛慧山顶的"橛山"[13]上，如果有什么恶势力把这条绳子切断，济南城就会飘进城北的沼泽里去。

除了大明湖里的祠、庙等风景胜地和千佛山上位置优美的寺院之外，济南很幸运，在相对易于到达的地界以内，还有两处寺院，属笔者有幸在任何国家所见到的最别致的寺院之列。一处是龙洞，位于离济南城8英里山中的深谷底，当你顺着山路前行，谷底树木遮掩着寺院的山中深谷突然呈现在眼前时，俯视山谷的情形即难以忘怀，而至谷底仰望，高耸的峭壁亦给人留下至深的印象。石灰岩峭壁上有些洞穴，可能是故意做这种冒险事的人们开凿的。

另一处寺院[14]离以上所说的地方仅约5华里，不足两英里远。由于这里秀丽的林木，迷人的林间人行道以及优美的小瀑布和潭水，对许多人来说更具吸引力，"佛峪"之名源出于此[15]。

如果想继续远行，不远的旅程即可看到泰山周围小山中的寺院，其中有些非常漂亮。到神圣的泰山，旅程也不远，该山有数千年的历史，孔夫子本人及其他山东先贤曾到这里游览。

最后，位于济南城北4英里处雾气腾腾、急奔而下的黄河，很值得一看。该河港口泺口，是帆船和其他船舶从事贸易的繁忙之地。下游紧挨该城的津浦路大桥，正在修建，到黄河去时看一下修建中的大桥，也不虚此行。

剩下来要说的就是近些年来的变化和进步了。义和拳乱以前，济南是清帝国最保守的城市之一，明显厌恶任何外国事物。除极少数例外，外国人和中国官员之间没有交往，而人民则保持着激烈的敌对态度。然而，自义和拳起事期间袁世凯阁下出任东抚治理山东以来，通过有效的管理把济南和山东从混乱中解救出来，官员和人民对外国人和外国事物的态度，都发生了令人愉快的变化。现在该城官员同他们的海外来客之间，存在着一种友好的感情，袁之后的几位继任巡抚，经常在正式宴会和一般接见时招待外国人，任何同他们打交道的外国人，都很容易接近这几位巡抚。统治者态度的变化，在百姓身上也反映出来，数年前那种普遍的辱骂性言词，现在几乎听不到了。

13 位于佛慧山东端山顶，一作"角山"，实际上是用石头垒起来的大橛子，粗约4-5人合抱，高与屋檐相齐，未知何时何人垒建。

14 即"灵台"，非佛寺，台南有泉，名"林汲泉"；台北有飞瀑，雨后悬流约10丈。作者称灵台为寺院，盖因该处石壁多有佛像。

15 作者这一解说不知有何凭据。

　　在可怕的义和拳乱之后，还开办了各种学校和高等学堂，有些前面已经提到。除前面提到的山东高等学堂、陆军学堂、巡警学堂、师范学堂以及法政学堂、客籍学堂之外，还有政府开办的农林学堂，似乎办得不错。我认为林场（Forestry Station）正在该校监督下开展工作，济南南面山坡上有三处这样的林场，各林场在山上栽种树木，干旱季节注意培育，正在为改变秃山的面貌做大量工作。虽然周围地区光秃秃的，看得眼睛疲乏，但各林场所在地都一片青翠，一眼望去，极为赏心悦目。

　　各级学校教育体制也在全济南城建立起来，另外还有一些私立学校，其中有一两所女校，这里的高年级女生极为引人注目。

　　物质方面，济南城也在不断进步。许多街道用坚固的大石块重新铺设了路面；引进了人力车；建立了街道清扫制度。同时，如上所述，开办了电话通信网络以及电灯公司，电灯公司数年来一直为主要街道和巡抚衙门提供照明，现即将为全城普遍提供用电。两条铺设良好的碎石路通向胶济铁路的两个主要车站，其中一条穿过商埠通向西站。

H.E. HSUN PAO-CHI AND STAFF, TSINANFU, 1910.

1911 年孙宝琦阁下与幕僚

　　商埠开设于 1906 年 1 月 10 日[16]，由于不断建起坚固的外国商号和朴实的

16　关于济南自开商埠的时间，目前有 1904、1905、1906 年三种说法。中国史学界一
　　般以 1904 年山东巡抚周馥会同北洋大臣、直隶总督袁世凯奏请清政府批准的时间
　　为据，而当时在济南、山东的外人以及现代国外学者，则多以 1906 年为济南正式

中国建筑，发展速度很快。这里的街道宽阔，用碎石铺设而成，除有很多灰尘外，其他都井井有条。这里的主要建筑有建造漂亮的德国领事馆、德亚银行（Deutsch-Asiatische Bank）、津浦路的三处良好建筑，以及属于外国商号的住宅和商业用房。商埠归中国人管理，他们为了给这里的居民和游客提供娱乐场所，已建起了一座大公园，要不了几年，这座满是树木和灌木并有茶房等设施的公园，即会成为一个很可爱的去处。

两条铁路的主要车站都在商埠。一条是起自青岛的胶济路，德国人出资修建，并由一家德国公司监督运行，已于1904年开通；另一条是津浦路，天津—济南段1910年11月开始通车，旅客用汽艇运过黄河。正在修建的横跨黄河的大桥，需两三年的时间才能完工。胶济铁路对商业起了极大的促进作用，商埠及济南城毗邻地区正在迅速发展，最近开通的津浦路天津—济南段，将会加速这一发展。

济南的人口，通常估计约25万，这一数目似乎正在迅速增长。特别是在易于到达铁路的西部地区。

商埠以西两英里处是很大的兵营，约有7000名驻军，这些军队都是依西法训练的，而且看上去纪律十分严明。

开埠时间（参见中国海关《十年报告》——China, the Maritime Customs, *Decennial Reports, 1902-11*, Shanghai: the Statistical Department of Inspectorate General of Customs, 1913, Vol. 1., P.256；齐鲁大学社会学系调查编著《济南社会一瞥》——The Department of Sociology under the Direction of A. G. Park, *Social Glimpses of Tsinan*, Tsinan: Shantung Christian University, 1924, P.1）；包德威《中国城市的变迁》——David D. Buck. *Urban Change in China-Politics and Development in Tsinan, Shantung, 1890-1949*, P.51，Wisconsin: The University of Wisconsin Press, 1978）。持1905年开埠说的依据是济南"华洋公共通商之埠"开埠典礼（"济南自辟商埠始末"，（见"济南当案信息网"，http://www.jndaxxw.gov.cn/shcg/yjkf_new.asp?newsID=247；"二十世纪初济南大规模招商引资措施"，见"济南当案信息网"，http://www.jndaxxw.gov.cn/shcg/yjkf_new.asp?newsID=250），而同一个网站，虽然开埠时间都是1905年，说的都是济南"华洋公共通商之埠"开埠典礼这一件事，但一个是12月15日，另一个却是12月12日。考虑当时在济南的外人的记述济南举行开埠典礼的时间为1906年1月，笔者认为1905年12月与1906年1月其实是一个时间，1905年12月是农历，1906年1月是公历。至于具体日期，则是记忆疏忽致有分歧。

第十六章　山东沂州府

方伟廉牧师[1]

　　沂州府位于山东省的东南角，北界莱州府和青州府，东临黄海，南接江苏省，西邻兖州府和泰安府。南北最长处 500 里（150 英里），东西最宽有 330 里（100 英里）。沂州府的形状并不规则，面积大约有 1 万平方英里。北部起伏不平，部分地区群山连绵，密布着长度不等的河谷，这些河谷土地肥沃，人口众多。西部地区也多为丘陵地带，中南部和西南部，土地或波状起伏，或一马平川，沂州府城即位于这片土地中心区域，在沂水河的西岸。

　　沂州府下辖 7 个州县，兰山县治所在沂州府城内，其正北为沂水县。东部海边为日照县，在日照县和兰山、沂水县之间，从最北一直延伸到江苏边境的狭长之地为莒州。兰山西北、沂水以西为蒙阴县，兰山以西、蒙阴之南是费县，最后就是位于兰山东南的郯城县。

　　沂州府有两条主要的河流，分别是沭河和沂河，沭河下游称为茅子河。两条河流都发源于位于青州府南部边界的大山——沂山山麓地区，流向东南，然后转而向南，沭河在东，沂河在西，彼此逐渐靠近，在沂州府城南 50 里的地方汇流在一起长达 25 里。在汇流地以南，沭河最终流入江苏省，然后转向东从海州北面流入大海。说来也怪，在沂州府城以南大约 130 里，沂河也流入江苏，但分成两条支流，东边较小的支流继续向南奔流，在窑湾镇流入大运河；另一条支流转向西南，在叫作滩上的小镇东面流入大运河。

　　这两条河的上游流经风景如画的宽阔山谷，具有华北河流的典型特征：冬季黄沙漫天，夏季黄水汹涌。人类对山岭的无情采伐遭到了大自然的报复。从

1　方伟廉，（1860-1917），美国北长老会传教士，1885 年来华，1890 年到沂州传教。
　　曾任齐鲁大学神学教授。

北面著名历史隘口穆陵关——古代齐国和鲁国的边界，直到江苏宿迁的大运河，众多河流被不断延伸但偶有断裂的分水岭隔开。沂河是这些河流中最大的一条。在沂州府城，西边源于蒙山南麓一条大河和当地的一条小溪汇入沂水，其沙底河床差不多有 1 英里宽。在夏季，沂河上航行着许多有桅杆的席棚小船（其中一些船的载重负荷达到 10 吨），这些船只自沂州府上行 200 里远的沂水城，有的甚至更远。这个时候运河和沂河各要地特别是和沂州府城之间的交通运输十分繁忙。实际上，除了隆冬季节以外，这条河全年都可以通航，其中有一种小船，最远来自位于沂州府南 115 里、郯城西 20 里的重镇马头。事实上，这是沂州府唯一可以称道的水路，因为沂州府的版图和大运河并不相连，尽管从经济和地形角度看，位于沂州府西南、沿着这条水路的兖州府之峄县也应当包括在当前这次调查范围之内。的确，沂州府的西南部分在本朝雍正年间（1723-1736）以前事实上属于兖州府。

道路

沂州府的主要道路以沂州府城为中心。一条始于潍县的大车道在潍县以南 150 里进入沂州府辖区（莒州），沂州府城和它下属的城镇的洋货大部分经由潍县运来。这条路跨过汶河的西部源头，向南翻过潍县西南崎岖陡峭的南北分水岭，在潍县以南 275 里的招贤镇进入沭河河谷。在这里它和一条从胶州经诸城的道路相连。再往南大约 45 里，这条路经过莒州城，向西南通过一段段沙土路，最后到达沂河东岸叫作白太的小镇，在此和一条始于潍县（和青州）经穆陵关和沂水河谷的路相交，那是一条稍微较短的人力车及驮畜道。随后，这条路抵达沂河东岸、沂州府城对面的一个交通要道，在此根据不同时期的水势情况，可以通过摆渡、徒涉、便桥横渡沂河。潍县和沂州府相距 500 里（150 英里）。

另外一条大道从济南府经泰安府到达沂州府。它向东南方延伸，沿着雄伟的蒙山山脉北部的秀丽山谷横穿蒙阴县境，穿过蒙阴县城（在沂州府西北 200 里），随后抵达沂州府城东南。由此继续向南，在沂州府东南 45 里的李家庄镇跨过沂河，到达郯城（距离沂州府 115 里），然后去往运河对岸的宿迁，宿迁城位于沂州府东南 300 里。山东与江苏省边界线穿过距离沂州府 160 里远的红花埠镇。从宿迁城出发，这条路沿着运河西北岸到达重要的商业中心清江浦，这里是大运河航路的起点，距离宿迁 180 里。走这条路从济南府到沂州府是 640 里。从前，这是从北京到南方去的一条干线，但是现在交通已经变得非常萧条了。

从沂州府出发，有两条大路向东通到海边，长为180里（55英里）。北边这条路，不通大车，绕过莒州和日照南部的多山地带到达叫作安东卫的港口，然后转向海边抵达日照城——一座恰好位于山海之间的狭长地带的城市。

从沂州府出发，另一条路一直向南，穿过一段连绵起伏的山脉地区，到达省界线另一边位于江苏境内的青口港。

青口港是沂州府城的主要货物进口港，沂州府在其东北180里。这两条路通常都可通行人力车或驮畜队，但南边这条路线可以顺利通过牛车。

另一条大车路从沂州府城出发，偏向西北一点通到费县县城，距离沂州府城110里，然后穿过一段断裂带，经泗水、曲阜和兖州府，最后到达位于沂州府以西450里远的济宁州。

再有一条大车路从沂州府城出发通向西南，经过一片总体上说是平坦但部分地区高低不平的人口稠密地带，再经卞庄镇（距离沂州府80里）[2]和兰陵到达滩而庄[3]，滩而庄是运河上一个非常繁荣的码头，位于峄县境内。有一条路从卞庄出发通向西南，经过兖州府境内的峄县城西。峄县在沂州府西南180里。从峄县出发，这条路继续向西南延伸，抵达运河岸边的韩庄。韩庄在山东南部边界湖群的最东端，处于从天津到南京的古老干线上，将来的津浦铁路线也要从这里经过。韩庄在峄县西南60里。从峄县出发，一条大车路通往西北，经藤县到达济宁州。

所有的县城都设了邮局，越来越多的小镇也都在开设。全境唯一的一条电报线经由海岸的青口和海州联接沂州府和清江浦。

土地和物产

广阔蜿蜒的丘陵地带，未作实地调查，这些丘陵多石的山坡上，即使耐心整理出的梯田，也几乎不出产什么东西。全境的土地看起来和中国北方地区的一样，只是这里含沙更多。在平原地区，由于存在大片的低地——在此地称为"湖"——湖泊的意思，而北方则叫做"洼"或洼地，给旅行和农业带来诸多困扰。在雨季，这些地方会变成沼泽地，甚至被洪水淹没，但这些地方的土地还是非常肥沃的，在冬小麦收割之后，雨季到来之前，又种上了高粱，这样就

2　今苍山县城所在地。

3　即今台儿庄。

农作物而言，不利条件被尽可能减少到了最低程度。

这些沼泽地带，大量种植一种称作穄子的谷物。它的种子有三角形的外壳包裹，多被穷人做成粗糙的饭食。

即使在多岩石的山区，旅客也易于在崎岖不平的马道的任何一个转弯处，看到迷人的山谷中绿色的田野和弯弯曲曲的小溪，星星点点的小村庄和极可能是繁荣的小市镇点缀其间。

这里的主要作物和北方一样，种植小麦、各种各样的大小谷类作物、豆类，特别是榨油的黄豆，以及榨取香油的芝麻，中国烹调菜肴大都使用这种油。甜薯、萝卜、白菜等，总之，所有常见的蔬菜都有栽种。

在多沙的山地，可以看到成片的荞麦随风摇荡，大片的沙地上种上了榨油的花生。当花生成熟时，先拔出其植株，尽可能多地带出来花生，然后摇晃筛子筛土以收取落下的花生，筛后遗弃的沙土堆成奇怪的一堆，看起来像蚁丘。在运河附近的地方，每季成千上万麻袋花生被运往镇江。有一点值得注意的是，最近二十年各种外国大个花生实际上取代了本地的小个品种。

辖区西南部种植了大量大麻和苹，或苘麻，尽管大部分麻织品都来自南方更远的地区。

榨油厂和酿酒厂随处可见。其产品主要以人力车运输，装在用柳条和麻纸编成的大油（酒）篓中。

沂州府的粮食价格通常要比北方其他地区低一些，因此那些从北方（潍县）运来并卸下洋货的车辆可以又装载上粮食运回北方贩卖，如果大宗兽皮和大麻不能满足他们的要求的话。

来自北方的旅客往往被此地大量的树木所打动，这些树木使这里的景色更加迷人和多样化。

在这里种植樱桃、桃、李子、梨、苹果、杏、栗子和核桃等各种果树的果树园，随处可见。这里的柿子树最为繁盛，已经形成了一个相当大的产业，为市场供应果脯——柿饼，或称为"柿子饼"。人们用一种机巧的小工具去掉果皮，然后摊在草席上晒干。出售这种果品的代理商同时也销售核桃、栗子和梨，他们的足迹往南远至南京。

丝文化在沂州府城及其周围地区某种程度上还在延续。当局通过向愿意种植桑树的人们免费提供树苗来刺激这种产业的发展。除了上面提到的家蚕丝外，这里还大量出产另外两种蚕丝，特别是在辖区北部。其中一种叫"山茧丝"，是由一种体型较大的蚕生产的，它通常放养在一种叫做"poa la k'o"的栎树上。这种树是柞树（蒙古栎）。沿着河床的沙地通常种植这种树，当它们长到非常高大不方便养蚕的时候，便伐倒做成优质木炭了。

　　另外一种蚕丝是由一种个头中等、以椿树为食的蚕生产的，椿树有两种，即芳香的（香椿树）和恶臭的（臭椿树）。用简单的加重纺锤，这种粗糙的丝大都纺成线，方法是一只手用绳吊着一个纺锤，另一只手拇指和其他手指不停地旋转。据说这是人类使用的最早形式的纺织工具，在古埃及的纪念碑上曾发现绘有这种工具的图案。经过剥茧抽丝后，家蚕丝丝线售价每一中国盎司[4]300钱，其他种类的糙丝丝线200文。这些丝线被来自北方特别是昌邑地区的代理商全数收购了。

沂州府地区景象。上左图：峄县煤矿称量焦炭、上右图：晒柿饼、下左图：邱镇（Chiu Chen）陶器、下右图：沂州府煤井。

4　文中的中国盎司应为"两"。

SCENES IN ICHOWFU DISTRICT.

SIFTING PEANUTS.

SIFTING COAL AT MINE, IHSIEN.

COKE OVENS AT MINE, IHSIEN.

BLACKSMITH, ICHOWFU.

沂州府景象。左上图：转运花生、右上图：峄县煤矿运煤、左下图：峄县炼焦工场、右下图：沂州府铁匠。

在沂州府，开办一家缫丝厂可能会有利可图。近来沂州府的罂粟种植越来越多，但当局已经采取严厉措施制止栽培罂粟。

烟草也有少量种植。沂水地区出产的烟叶品质优良。

郯城县南部的草辫业源远流长。产品以前经大运河运往南方，但由于受海关勒索不得不转向北方，用大车拖运至 800 里外的沙河（shaho）镇。几年前，当整个贸易衰退的时候，草辫业遭受了挫折，现在已经复兴了，尽管一家位于马头的商号仍然控制着整个贸易。

在北方发现的普通的本土树种沂州府也有：杨树，洋槐树，柳树和秋树，或作楸树。秋树可以提供硬质木材，但不幸的是现在越来越稀少了。在庙宇的庭院中，经常可以看到生长缓慢的"少女发丝"树，这里叫作"白果"（银杏）树。白果树长得高大，树龄很长。一簇簇或成片的竹子偶尔也能遇到。

公牛在这里处处被用于耕种和拖运。直到近来发生的一场牛瘟，才向北方大量出口牛，大部分被运往各港口和满洲。

成群结队的驴子和骡子向北涌来，它们一般来自山东省界以外的南方，特别是徐州府一带。这些牲畜实际上常常代表了那些在南方做生意的北方人所获得的利润。由于缺少现金，他们发现很难在家乡获利。

以一种新的眼光看，卑贱的驴子竟然被视为交易汇票了！北部地区，远至莒州偶尔使用水牛。北部丘陵地带饲养了大量的绵羊和山羊。可以看到羊群在贫瘠的山边啃草，西方的牲畜在这种地方将会饿死。羊毛被打成毡垫、帽子和冬靴；羊皮做成冬衣，而羊肉则大大弥补了肉类市场供应的不足。

沂州府出口大量普通的黑种猪。在涛雒镇、安东卫和青口港各港口，这些地方沿海岸的潮汐滩出产很便宜的海盐，建有货物打包的仓房。在冬季月份里，周边乡村成群结队的人力车装载着加工好用于出口的整猪涌向这些港口。精选猪鬃的贸易量相当大，它们成包地卖给来自各港口的本地代理商。另外值得一提的是，以前沂州府的肉价非常低，多年来一直稳步上升，现在的价格已经是十年前的两倍了。

矿产和制造业

在沂州府城西南 15 里到 30 里的地方发现了大量优质软烟煤和一种半无烟煤，但当地的经营者不可能在比较低级想必也是这里较好的技术条件下去开矿挖煤，因为在防水方面，他们唯一可以借助的还是古老的手摇辘轳和生皮桶。

煤炭事业发展的障碍更多还是来自部分不负责任官员的横征暴敛。最近，一座在官方管理下的矿井开张了，据说是引进了蒸汽设备。

产自峄县蒸汽动力矿井的煤和焦炭在沂州府的大街上经常有售，这些燃料用牛车长途（180 里）运输到这里。

有迹象表明，沂州府所在的冲积平原下面全是煤炭。在莒州城西南 25 里的独山（Tu shan）也发现了煤，在蒙阴和泰安府新泰的某些地方也有发现。

煤炭价格已经上涨了，目前沂州府烟煤一斤 6 钱，无烟煤一斤 7 钱，焦炭10 钱。

这里有必要参照有关的简单报道介绍一下兖州府峄县的煤矿。这些煤矿坐落在山脚下一条优美的小山谷北侧，在一个名叫枣庄的村庄附近。目前，那里的建筑已经初具规模，多半建筑为木框架结构，周遭用高粱秸秆包裹并涂抹上灰泥。安装在六口矿井中的六台蒸汽机已经运转起来，一些新的矿井也正在开掘。

有三到四口矿井通过蒸汽驱动的绞车把装在草篮子里的煤炭吊上来，其他则仍沿用生皮袋抽水，或者放下许多木料用以支撑作业面的顶部。

也许目前这里还没有水泵、吊箱，或升降机。这些煤矿每天的最大产量约为 300 吨。矿工将煤炭运至井口，每篮可以获得报酬 80 文铜钱，一篮子煤炭重 150 斤（200 磅）。一个轮班呆在井下的时间长达 24 小时！煤在井口的售价为每斤一文半。产出的煤用牛车或人力车运到大运河上码头台儿庄或韩庄，两地距离煤矿都是 25 英里远，运费每斤不到一文钱。一条从台儿庄到煤矿的铁路正在修筑中，向西延伸 45 里就会和将来的津浦路连接起来。经营这些煤矿的公司是"德华中兴局"，但厂矿完全由中国人独自运营。

在沂州府城西南的煤田附近发现有铁矿石，看起来像红色的赤铁矿，过去付家庄镇的中国人曾提炼过，付家庄位于沂州府西南 30 里。

然而，本地的铸造厂多年来喜欢使用国外的废铁，这些废铁在雨季由沂河运来，然后被铸成类似半球状的饭锅、烤架、犁头和周围数英里范围内大量需求的其他物品。

沂州府城南郊的最南端是一处富有铁质岩的山丘，人们称之为"铁山"。人们希望专家认真勘探一下这个地方，因为这里不只有铁矿石，还发现了伴生的煤和石灰石。顺便提一下，在沂州府城里及其周围有许多家庭手工作坊锻造各种铁器，如剪刀、菜刀等等，同样利用外国废铁锻造。

沂州府南郊以聚集了采用铸造和锻造技术制造铜骡铃的行当而著称。如同中国其他传统产业，这种行当主要在家中制作，并不过多对外展示。

粗陶是在沂州府西南 30 里的地方制造的。众多窑炉产生的浓烟从远处就可以看到。各种各样的器皿，从价值三到四钱一件的黑陶茶壶和黑陶碗直到上千钱一件的大型釉质水缸，都产自那里。适宜的粘土和附近的煤田催生了这项产业。

说来也怪，附近一些地方发现了一种可以烧制出自然釉的灰色粘土。这些陶瓷制品通过人力车船在河道高水位时运送到各地销售。

有人听说境内到处都有大量的金银矿产，但是能否发现具有开采价值的储量尚待分晓。几年前，在沂州府西北 150 里、蒙阴和沂水交界地带，由本地资本投资开了一座银矿。矿山实际上已经投产，但被当地官员立即给关闭了，投资者损失惨重。据说在兖州府峄县北部的丘陵地区有一座古代的银矿。

铜井的泥沙冲积矿发现了黄金，铜井位于沂州府以北 150 里，在沂水西岸。一家德国公司在那里进行了大量勘探工作，但现在探测工作已经停止了。

在沂州府东南 55 里，沂河和沭河（茅子河）之间的狭长地带，分布着金刚石矿。

这种石头是在两条河流中间低矮的分水岭上发现的，分布在很浅土层下面的红砂砾岩上。上面提到的那家经营金矿的德国公司决心大力开发这片金刚石矿区，但这项事业并没有取得商业上的成功。德国专家的观点是，这些石头是通过水流的作用才被储存在现在的位置。根据这一理论，两条河曾有交汇。人们猜测这些金刚石来源于蒙阴山区的某个地方。

同时，一些品质优良的金刚石时常在上述地方被人捡到，在其他地方也偶有发现。

贸易

从贸易角度看，沂州府作为南北交通的交汇点是一个令人关注的地方。由于靠近大运河和局部通航的沂河，很自然地会想到这里大部分进口货物是经由大运河到达境内的。然而，事实上大部分进口商品来自胶州、潍县以及海路。

大约有 70 辆大车在潍县和沂州府之间从事运输贸易，更不用说大量的人力车和驮畜。它们来到后卸下进口来的普通洋货，如棉纱、宽幅平布、染料（包括近来的靛蓝）、火柴、煤油、香烟、苏打粉等。多年来，潍县的商家在沂州府及辖区其他地方建立了许多分支机构，最近青岛、周村和济南府商家类似的分支机构也出现了。经由大运河的贸易最大障碍来自于许多贪婪的大大小小的海关壁垒。尽管携带运输通行证，一个商人也从来不知道从镇江经大运河拖运货物将花费掉他多少。还有大量的货物在高水位时通过沂河运输。

其余的贸易路线主要还有从东海岸的港口——主要是北面的涛雒和南面的青口通往内地的道路。青口位于山东省界外的江苏省，距离沂州府 180 里，距海边 15 里，通过一条小潮汐河与大海相连。由于停泊处水浅，到港的帆船不能靠岸，只得把船上的货物装载到形似木桶的小驳船上，然后由人跳进水中从后面推上岸，再沿潮汐河上行到青口港。帆船运来的货物有来自满洲和南方的大米、纸张、扇子、食糖、柑桔、木材，还有前面列举过的洋货和其他各种物品。涛雒东北 45 里就是日照城，较小的港口安东卫则位于山东版图东南角的尽头。成群结队的人力车和驮畜装载着豆油、花生油、豆饼、煤块、焦炭、核桃、柿饼和本地酒不断向港口聚集，然后带回上面提到的那些商品，或者海盐、咸鱼和其他当地人称之为"海货"的货物。

毫无疑问，由于来自黄河的泥沙，现在整个海岸淤塞严重。多少年来，黄河从这个地区以南不远处向大海排入大量泥沙。青口以南90里就是海州港，这里已经宣布为开放港口，将来还会是至少一条来自内地的铁路的终点站。

洋货正在缓慢但稳步地取代本土制造的同类商品。尽管由于目前银价持续低落，本土的纺织业已经有所恢复，但洋布似乎注定要赢得胜利。除了偏僻地区外，火柴已经取代了火石和火镰，煤油也打败了豆油成了人们的首选。然而，必须承认，在照明能量方面，从一个肮脏的豆油碟中发出的光与从一个同样肮脏的煤油瓶中发出的光的差别，几乎微不足道。然而，就难闻的气味而言，显然古老的照明工具更占优势。现在市场上出现的一种外国小铜灯越来越受到人们的青睐，尽管其价格比较高。

主要城市

除了前面讲到的有关沂州府城的情况外，这里再多说几句。沂州府城，包括大片的南郊地区大约有5万人口。城区环绕有完好、高大的城墙，周长超过2英里。主要的街道特别是南北大街非常宽阔，但都是土路。

城里大部分房屋都是茅草覆顶，但砖瓦建筑年年都有显著增加。商业交易大部分集中在南郊，这里最近建起了来几座最好的砖瓦建筑，其中二、三座还是两层结构。在沂水西岸的人口稠密区，恰好座落着一处货物集散中心。二十年来这里的商业一直稳步发展。城区，特别是南郊地区土地价格畸高，部分是由于城区周围大量土地容易遭受来自河流的突发性洪水的侵袭，因为这里是河流的交汇地。沂河的沙质河床在城中约有1英里宽，因此从东面靠近沂河存在难以克服的困难。

莒州城位于沂州府通往潍县的大车道上东北不足180里的地方，位于沭河左岸，沭河河谷在那一带宽约10英里。城市不大，约有3万人口，但正好座落在人口稠密地区。莒州的商业投资主要来自当地的富户，他们居住在大店镇，大店镇在莒州南60里，座落在名为马亓山的高大山脉西麓。莒州是山东最古老的城市之一，曾是早期中国历史上一个小王国的都城。在元朝末年至正年[5]间，大约1340年，由于人口锐减，在原址东北角重建新城。旧城夯土城墙遗址现在依稀可见。

---

5 元朝最后一个皇帝元惠宗的年号，1341-1370年，原文中1340年应为惠宗至元年间。

沂水城恰好位于来自北经穆陵关的大道与沂水相连的交汇点上，在沂州府以北 200 里、莒州西北 70 里。

沂水城区非常狭小，但东郊广大而且异常热闹。沂水现在成为周边广大地区的一个货物集散地。城中有一所现代政府学校，为整个沂州府最好的现代学校之一。

境内一些著名的城市以及其他县城和许多大的集镇，春季和秋季都举行贸易大集，这大大促进了本地商业的发展。

人民的性格和气质

沂州人素有声望，但并非当之无愧的声望，而是目无法纪的恶名。的确，大道上有组织的袭击抢劫频繁发生，尤其是在辖区南部。

在新年前后和夏季，抢劫更加猖獗，夏季高粱地里高高的高粱为那些胆怯的抢劫行为提供了掩护。

靠近江苏边境的匪帮往往安全撤退到邻省。那些富户习惯于用夯土墙围住他们的家，同时他们也经常持有正规武器以防身护家。

也许沂州人比其他北方人更不温顺，性情更加暴躁，但他们都具有古道热肠，忠诚待人。

当地的一些名门望族致力于改良人民的思想，这些家族中有不少年轻男子东渡日本接受教育。

沂州的女人似乎比他们的北方姐妹们具有更强的独立性，当地的批评人士坦率地认为这是一件很丢脸的事。大量妇女到集市上去，许多还经营着小本生意。纳妾在那些有钱人中间很平常，抽鸦片烟和赌博也很盛行。

这里的砖瓦房屋要少于北方的其他地方，村庄的面貌也不如这个国家其他地方的村庄繁荣兴旺。那些小客栈通常肮脏而又破旧。和山东其他地方一样，这里道路的好坏取决于天气和当地的地势而不是人们为改善它们做了什么。有很多理由证明北方人的观点：沂州人穿得比其他北方人更破旧更邋遢，但近年来至少在城市这方面已经有了明显的改善。总起来说，这里到处都有一种条件不断得到改善的明显趋势，尽管这其中伴随着生活费用和土地价格的显著上涨。

传教工作

目前只有两家外国传教机构在沂州府境内从事传教工作，它们分别属于德国天主教会和美国基督教长老会（北）。天主教会已经在每一座县城站稳了脚跟。他们在莒州城建了一座精美的教堂，在沂州府城建造了一座雄伟壮观的大教堂。此外，还有其他地方有外国传教士居住，尤其是在沂水西北部的丘陵地区建立了大规模的传教机构。在王庄，他们拥有数百英亩的土地，一座寄宿制工业基础学校，和一座石砌精美教堂。

他们还在许多村庄修建了多少有些自夸的小教堂，其中最大的一座是使用庚子赔款建造的。

美国长老会的传教工作开始于 30 年以前，是由于已故的倪维思博士、郭显德博士及其他人的偶然到访引起的。

1890 年传教士开始在沂州府城定居下来，从那时起他们的工作稳步发展。在沂州府，他们的全部设施包括一座男子医院、一座女子医院和一些学校。在南郊传教士居住的地方，他们刚刚修建了一所整洁宽敞的教堂。他们还有许多广泛分布在乡下的布道分站，特别是在辖区北部。在他们传教工作的影响下，已经有 600 名基督徒接受洗礼，其中四分之一在沂州府城内。

第十七章　山东武定府

英国圣道公会（United Methodist Mission）

德辅廊（F, B. Turner）牧师[1]

REV. F. B. TURNER.

德辅廊牧师

---

1 英国传教士，1887年来华，初在天津传教，后到圣道公会在山东乐陵创办的医院
任院长。

GEORGE INNOCENT MEMORIAL SCHOOL, WUTINGFU.

武定府怀英学堂

WUTINGFU CITY GATE.

武定府城门

武定府是山东最北边的一个府，它的东面和东北是渤海湾，西北与直隶省接壤，西邻济南府，南面与济南府和青州府部分地区毗邻。

武定府方圆大约 6000 平方英里，但大概有一半的土地都是滨海低地，或是靠近黄河以及注入渤海湾的另外两条河流沿岸的低地，不能耕种。

整个地区看不到一点儿山的影子，哪怕是一座孤立的微不足道的小山也没有，只是从南部地区远远地可以看到济南府东面一些山脉模糊的轮廓。

西北部的土地地势较高，但总起来说，这个地区的地势很低，自古以来就不断遭受黄河水的侵蚀，经常发生洪水和饥荒。

由于生活艰难，生活水底下，据说人口可能稳定在约 200 万左右，这里总是有成群结队的人川流不息地到生活好的地区去谋求生计。

根据府志记载，武定府的历史可以追溯到公元前 1000 年的周朝，当时太公江旅尚[2]统治着这个城市，后来成为杞[3]一个封邑的首府。

这个政权历经许多朝代，一直持续到秦代（公元前 255 年），从那时起，这个古老的城市数世纪之久一直是一个重要的统治中心。

从一个古文物研究者的角度记录下武定府的名称及其相对位置或行政级别的不断演变是很有趣的。

在前汉（公元前 206-公元前 75 年）它被称为前省[4]；后汉（公元 25-145 年）改为乐安国；三国时期（公元 223-252 年）这里是魏国的一部分，称为乐安郡；后来到晋代，它成为乐陵国的都城；北魏时期（约公元 400 年），这里成为乐陵郡的首府，这个行政级别一直保持到隋代（约公元 600 年），后改名为泊海[5]。

唐代（公元 618-707 年）这里成为乐安郡商州[6]，这一名称一直延续到宋代（公元 960-1225 年）和元代（公元 1206-1333 年），但它先后隶属于河北东路和济南路。

在明代洪武年间[7]，它第一次有了现在的名字——"武定"，这时它是济南府下属的一个州。

雍正二年（公元 1724 年），这里改为直隶州，1734 年成为武定府的首府。

城市面积宽广，在高大坚固的城墙和城门以内，现在还有大量的耕地。城中许多遗址从外观上看没有一点浪漫气息，但它们可以引起人们某一方面的兴趣，令人想起在漫长的岁月中，这里一直是繁忙生活的中心及权势的所在地。

武定府下分十个县，按照他们的重要性或综合估量排名如下，同时也列出了县城到府城的距离。

2　原作者括弧标注中文如此，这很可能因为本文作者为医生传教士，不熟悉汉语读写有关，实应为"姜吕尚"。
3　原作者括弧内标注中文如此，实应为"齐"。
4　原作者括弧内标注中文如此，似应为"千乘"。无论千省还是千乘，均无可靠依据。
5　原作者括弧内标注中文如此，应为"渤海"。
6　原作者括弧内标注中文如此，应为"棣州"。
7　据《嘉靖武定州志·建置沿革》卷一，"武定"之名应在宣德元年（公元 1426 年），平定欲谋乱的汉王朱高煦之后，"武定"意为"以武平定其州"。

附上这些县早期的名称，可能具有历史价值。

惠民	（武定府城所在的首县）		旧名	彦茨[8]
乐陵	距离	西北 90 里	旧名	格津[9]
海丰[10]	距离	东北 60 里	旧名	武地[11]
阳信	距离	北 40 里	旧名	泊海[12]
商河	距离	东南 80 里	旧名	利县
滨州	距离	东 90 里	旧名	大营
清城[13]	距离	东南 90 里	旧名	东邹
莉津[14]	距离	东 150 里	旧名	荣门
铺台[15]	距离	东南 120 里	旧名	涛窝
沾化	距离	东北 70 里	旧名	将陵

下面是关于武定府各县详细情况，可能具有一些价值

惠民县

此县以府城为中心，主要的集市在武定城南的弟三堡[16]、清河镇和桑蜋沐[17]

最后提到的这个镇子靠近一条河，这条河一年之中大部分时间是干涸的。当夏季雨水来临，桑蜋沐就成为一座繁忙的码头，和沿海有着频繁的交通往来。

除了在贫瘠的土地上维持的普通农业外，此地还有相当规模的造纸业，并种植了大量棉花。

武定府城现在是英国圣道公会武定府的中心布道站。

清城县

这个县比较小，也不重要；其主要的市镇是田镇。

---

8 原作者中文标示如此，实应为"厌次"。
9 原作者中文标示如此，实应为"隔津"。
10 因与广东海丰县重名，1914 年改名无棣县。
11 原作者中文标示如此，实应为"无棣"。
12 原作者中文标示如此，实应为"渤海"。
13 原作者中文标示如此，实应为"青城"，下同。
14 原作者中文标示如此，实应为"利津"，下同。
15 原作者中文标示如此，实应为"蒲台"，下同。
16 原作者中文标示如此，实应为"第三堡"。
17 原作者中文标示如此，实应为"桑落墅"，下同。

这里土地贫瘠，产量微薄，主要的产业是做草席、造纸和柳编。

阳信县

这个地区一度非常重要，但经常来袭的洪水，造成此地的人口锐减。

主要的市镇有商家店、刘泊武[18]、水落坡、價家镇[19]和浸丰[20]。

这里从前有相当大的草辫贸易，曾一度吸引了天津和伦敦市场的商家，但现在除了在中国本土外，它已经不再值得信任了。生产者的贸易欺骗，使这个产业在欧洲市场上遇到了挫折。他们抵挡不住诱惑，使用了经过漂白伪造的劣质麦秸，因此即使是最优质的草辫也已经被产自意大利、样式更具吸引力的产品所取代。

乡下人似乎在空闲时间都从事草辫编织：如果能教给他们各种不同的花样并说服他们编织海外接受的样品，那么与欧洲和美洲贸易将会给本地区带来巨大的利益。

在阳信还生产一种很有名的丝，专供皇家使用。

本县部分地方的人们使用当地的土织布机织出一种结实的粗布，用来缝制被套和钱袋，并输出到华北各地。

辖区内其他县几乎都没有如此多的替代产业来弥补他们那不确定的收成。

沾化县

本县重要的市镇有刘中口[21]、黄城店、泊头和富贵镇[22]。

上述最后提到的小镇现已表现出一定的繁荣迹象，在河流未干涸的部分年份，这里成为贸易中心；大量来自辽东和朝鲜的木材经小镇附近的河流进入中国。

海丰县

就面积而言，这可能是武定府面积最大的县，但这里大部分都是渺无人烟的：几乎到处都是沼泽和盐碱地，对在此耕作的人民来说，能够维持生计似乎就是奇迹。

---

18 原作者中文标注如此，实应为"流坡坞"。

19 原作者中文标注如此，实应为"贾家镇"。

20 原作者中文标示如此，查阳信现在无此地名，不知今名是何地。

21 原作者中文标示如此，实应为"流钟口"，现为沾化县流钟乡流钟村。

22 原作者中文标示如此，实应为"富国镇"。

在这个县，有唯一一座全境都能夸口的小山，被人幽默地称为大山，但盛名之下，其实难副，因为它仅仅是一座小丘，如果不是因为周围裸露的平原几乎在一个平面上，它完全可以被忽略。

主要的集市有水湾、库镇[23]和大山。

在海丰县城东南有一座精美而古老的佛塔，有许多奇特的故事。

商河县

这个地区以前比较重要，顾名思义，其主城座落在一条大河岸边。

但变幻莫测的黄河严重影响了附近河流的河床，以至于现在商河境内没有留下任何水道，这里的商业因此也遭受打击。

这个地区大量种植棉花。

主要的市镇有殷家乡和詹家集。

这里的罗马天主教教会很活跃。

滨州

这个贫穷的地方位于徒海河[24]和黄河之间，周期性地遭受洪水的冲击。

这里土地贫瘠，许多地方的人们生活在极度贫困之中：几乎没有大牲畜，经常可以看到男人和女人套上挽具拉着轻便的犁耕地。

英国浸礼会的布道工作已经向北扩展到这个地区。主要的市镇是尹家集。

利津县和蒲台县

这两个县位于黄河岸边，经常遭受洪水的侵袭。但一年之中有部分时间它们也得益于水运带来的贸易增长。

这里土地贫瘠而且多沙，每年的收成少得可怜。

乐陵县

这是武定府十个行政区中地理位置最有利的县份，大部分地区的海拔要明显高于周边的平原，这至少足以使乐陵免于黄河洪水的不断破坏，而在其他地方这种破坏非常严重。

这里的土地收成不错；大量种植花生并输出到华南地区用以榨油，据说花生油不仅在中国很畅销，还被大量收购出口到欧洲，在那里经过提炼转化成

---

23 原作者中文标示如此，实应为"车镇"。
24 原作者中文标示如此，实为"徒骇河"。

"橄榄"油。乐陵枣在全国都有名：将枣晒干或贮藏在烈酒中更容易运出；这种水果并不是真正的枣，尽管欧洲人一般这样称呼它；它是酸枣树的果实，属于山楂树的一种。

除了广阔的枣园外，还有大量的桃树和杏树，生产出优质的水果，但由于没有快速运输工具，整个地区的大量水果都只好在当地消费。

乐陵县有一个奇怪的特点，就是境内没有伊斯兰教徒。据说在明朝末年，有一位狂热的官员严厉迫害伊斯兰教徒，最后给幸存者戴上用宰杀了冒血腥气的猪制成的项圈，然后把他们从这里驱赶出去。

乐陵还有一项值得骄傲的荣誉，那就是只要是通过在帝国首都举行的"进士"考试的人就能被任命为本地的地方官，据说这是因为以前此县的饱学之士要比其他县里多，而更要紧的，则是不应该派才智不如当地人的人到这里来为官。

本县主要的镇有杨安镇、黄街[25]、东新店[26]、桑街堂[27]。

沟张寨子位于乐陵西部边境，实际上在南皮县，也是一个主要的区域中心，很多乐陵城西北地区的人在这里做生意。

集市村庄朱家寨子是本县一个较大的布道活动中心，英国循道会（现为圣道公会）的传教事业在此已经持续了 35 年。

在武定府几乎没有吸引古文物研究者或旅行者的历史遗迹，也许在本地区的绝大部分地方，毁灭一切的黄河大水将大量可能有价值的东西一扫而光。

主要的历史遗迹保存在乐陵县较高的地方。这里仍然保留着许多古城的残存，其中一些我们可能已经提到过。

旧乐陵位于现在的乐陵城西南 50 里，这座城市可以追溯到西汉时期（约公元 25 年）。在古代，这里是统治中心，称为乐陵国。后来称为"省城"，再以后这里成为先平镇[28]。

明代（1368-1644）政府迁到富平，也就是现在的乐陵城。

这里还有一座前通[29]古城，建于秦始皇时代；建造者是一个名叫胥福[30]的

---

25 原作者中文标注如此，实应为"黄夹"。
26 原作者中文标注如此，实应为"东辛店"。
27 原作者中文标注如此，实应为"三间堂"。
28 原作者中文标注如此，实应为"咸平镇"。
29 原作者中文标注如此，实应为"千童"。
30 原作者中文标注如簇，实应为"徐福"。

人，带领一千童男童女从这里出发去寻找长生不老药，建造了他和他的随从驻留的这座城。

在西汉时期（约公元 25 年）这里设置为县，但在公元 200 年被降格为市镇，一些古老的标志性建筑现在仍能看到。

乐陵城以北约 30 里有格津[31]古城：它建于隋开皇 16 年（公元 596 年），在唐代（公元 618-907 年）这里成为沧州管辖的一个县，现在称为旧县。

在武定府境内众多奇物中，有一个地方叫做"七十二井"，靠近大桑庄，距离武定府城 70 里。

这些井据说是汉代一位名叫乐七的大将为他的士兵饮水而挖掘的。其中有一眼井恰好叫做半道井[32]，它并不是垂直向下，而是倾斜的，沿着一条平缓的坡道可以从上面进去取水。

另外一眼叫作浆蜜井，井水甘甜冰冷，好似寒冰，据说人掉进去也不会下沉。

全境最有趣的遗址是金堤，或金壁。

这是一座地势较高、连绵不断的土墩或壁垒，高出地面约 30 英尺，宽约 20 英尺：（眼下）除了偶有些许断裂之处外，在田野上蜿蜒长达 1000 多里。

目前并不确定它建于何时。有些人说它是为阻挡黄河水而修建的屏障。后汉永平年间，京城派来一位大官进行过修整。

一般认为它是古代一个王国的疆界遗迹，当秦始皇在北方修建长城以阻挡鞑靼人[33]入侵时，也建造了这座大堤作为它南方的屏障。

武定府的农业生产与华北各地并无明显区别。

正如前面所指出的，农作物收成在数量和质量上的差异取决于土壤的性质。

三分之一上好的土地在深秋播种上小麦，来年 6 月初收割。其他作物有高粱、各种谷物、玉米和黄豆。

还种有优质三叶草，一年收割三次。

芝麻、棉花、白菜、萝卜、胡萝卜、韭菜、洋葱和烟草也有种植。

花生也广泛种植，并大量输出到华南。

---

31 原作者中文标注如此，实应为"隔津"。
32 原作者中文标注如此，实应为"扳倒井"。
33 应为匈奴人。

近年来这里没有一点儿发展的迹象；武定府有些脱离商业轨道，未来很多年也不可能利用规划中的铁路发展起来。

不指望这里的财富和人口有多大增长，除非采取有效措施阻止黄河的不断肆虐。

在政治发展方面，这里也没有表现出多大兴趣。有一些秘密社团，但他们更多是投机性的，而不具有实践性和革命性。

中国的教育大觉醒已经影响到该地区，但这更多是外表上遵从新政的结果，而不是追寻新曙光的真正体现。

然而在新建的学校，许多本地学生的天赋才能在新式教育环境中有了更广阔的发展空间。

杂　俎

第十八章　山东治理黄河事务调查委员会报告摘要

济南府道雅伯（A. B. Dodd）牧师　译

第一节　河道

一、黄河进入山东

古代黄河北流入海，经典史册均有记载。然而，（北）宋朝熙宁十年（公元 1871 年）[1]，黄河决口在澶州分流，形成两条支流，一条汇入淮河向南流去，另一条汇入济河流经济南府北部，而后与二股河合流，形成了黄河两个支流。宋朝南迁之后，金代为了减少北方灾害，封堵了北支流。从那时起，直至咸丰五年（1855 年），黄河在山东境内流经济兖（Ch'i and Yen）边界地区，600 年未有大患。就在这一年，黄河在河南铜瓦厢决口，再次改道。这次改道，经直隶东明地区进入山东菏泽、濮州，北向注入大清河，回复黄河故道，也就是今天的黄河河道。

二、山东治理河段与毗邻各省的比较

咸丰五年黄河改道进入山东后，管理黄河的问题并没有非常确定的安排。每当黄河有需要特别注意的问题时，山东巡抚就把情况上奏京城，朝廷则安排某个官员来负责处理。直到光绪十年（1884 年），山东巡抚陈士杰（Ch'en Shih-chieh）上条陈在济南府设立黄河防务局，负责调查相关问题，雇用河防人员，

1　熙宁十年即宋神宗十年应为公元 1077 年。

任命官员修补河坝，等等。此后，山东境内黄河大坝分三段治理，一名道台衔官员专门负责这项工程，这就形成了今天的河防局。

大体说来，直隶和其他省份的黄河治理河段，都位于各省界内地区，但河南从考城县到直隶长垣县以前的南河道，均归山东负责治理，因为这一河段的大部分都在山东境内。

三、山东境内的河道及长度

黄河在山东境内流经 21 县。以前没有进行确切测量，也没有可利用的地图。光绪三十三年（1907 年），为在全省进行细致调查，设立了一个局，但这一工作过于复杂，至今没有完成，因此关于山东境内黄河长度目前很难给出确切数字。

山东境内的黄河河道，以前估计长约 800 里，但因为 1904 年在入海口附近改道，长度稍微短了一些。现在河道两边大坝合计至少 1,500 里。整个河道由政府和百姓自己修筑的内外堤坝，共 2,300 里需要防护。

四、山东境内黄河河道的历史变迁

明朝弘治（1488-1506 年）年间[2]，黄河在荆隆口决堤，经曹州、濮州至张秋集夺大运河河道，但在本朝顺治元年（1644 年）又回归南方的旧河道，从河南归德（Kueitai）流经山东曹县、单县进入江苏境内，由云梯关、安东入海。

咸丰五年（1855 年），正如前面已提到的，黄河在铜瓦厢决口，河水返回了现在的河道。自那时以来，黄河河道经常发生一些小的变化，最著名的发生在以下两个地方：

1. 齐东县旧地，黄河在那里有个拐弯。河道在肖家庄（Hsiaochiachuang）决口，河水包围了齐东县城，大部分城墙倒塌。稍后又有两次决口，一次在大寨（Tachai），另一次在扈泉（Huchiuan）。扈泉这次决口，大水正对城墙而来，将县城完全淹没。光绪 19 年（1893 年），山东巡抚福润成功地说服朝廷将县城迁至九扈镇，距原城址约 70 里。原来旧城的土墙现在改为正常城墙，但是后来黄河水在杨家庄（Yangchiachuang）漫堤，直接向东，把一半城墙给冲走了。

2. 光绪二十七—二十八年（1901-1902 年），黄河在蒲台西岸从城北改道

---

2 应为 1487-1505 年。

城南，分为两股，最终汇合一处回到了旧河道。

除上述两次之外，还有很多相对说来来是不重要的改道，随时随地发生，引发河床不断增高，大多数情况下都发生在黄河大堤以内，那些地方人口稀少，因此没什么严重后果，无需专门叙及。

五、黄河进入山东以来决口及修堵列表

南岸决口二十四次，北岸决口 28 次，这些决口处均进行了修堵工程。这些修堵决口地段，7 次在山东境内上游地段，24 次在中游地段，21 次在下游地段，共计 52 次。这些决口处除了薄庄（Pochuang）以外都是立即修堵的，薄庄那时认为最好不修堵，因为靠海口很近，河流太猛。1904 年，山东巡抚周馥亲自视察了薄庄一带决口，建议不堵决口，而是沿河水两边修筑大坝，导黄河水入徒骇河入海。

这一明智的办法，致近海口处的急流可以自由漫流，那一带至今平安无事。

六、最大和次要威胁地段列表

由于黄河改道的突然性，危险地段也不断随时变化。光绪三十三—三十四年（1907-1908 年）间，制作了一份列表，列出了 112 处最危险的地段，60 处次要危险地段。

所有调查处的危险地段，每年春季都进行检查，给予特别关注。河道即将出现改道新危险地段时，各该地方官即派出信使向主管黄河防务的官员报告，要求即刻采取防护措施。

山东巡抚每年向朝廷专项报告黄河防务相关问题。

七、黄河口变迁

黄河进入山东后多年间，在大清河旧河口铁门关入海，自那以来，发生过三次改道。其中具体提到的最后和最重要的一次是 1904 年薄庄地段决口，决口后在那里筑坝将河水导入徒骇河，河流径直入海。这条新的入海河道相比以前的河水入海更顺直，自那以来，这一段黄河一直让人很放心。然而，委员会认为，根据以往的经验判断，还有个唯一的问题就是河道宽阔处水流放缓，时间长了泥沙淤积就会造成河床抬高，当高于大坝外周围地面时，河水会再次冲开堤坝，对周围肥沃的耕作农田带来巨大灾难，造成黄河口附近可耕田减少。

因此，有必要立即采取措施疏浚黄河口河道。要达到这一目的的最好办法是修筑石堤入海，实施疏浚河口工程。光绪二十五年，大学士李鸿章亲自视察了河口之后提出了详细建议。此外，他主张仔细研究和借鉴西方治河的经验办法。

第二节 治河方法

一、修筑保护大坝的普通办法

山东黄河分三段，冬季各断防务主管制定计划，准备治河物料。春季，各段仔细检视，据情修筑和加固堤防工程。夏季特别危险时段，增派治河河工。

1898 年，大学士李鸿章在关于黄河问题的奏折中，强调种植柳树护坝的重要性，认为种植柳树的优势，不仅在于可以保护大坝免受河水冲涮，并利用柳树枝杈编制柳条筐子铺放大坝表层，而且沿河两岸的大坝种植一千英尺宽的柳树，可以保护大坝不致坝土流失，这是众所周知的明代以来的办法，但被忽略了。

1898 年沿河大坝种植的柳树，大部分被护河员工或当地百姓砍柴烧了。保护这些树付出了更大努力，适时进行检查。

防护河坝有四种方法：构筑贴面（*pakwerk*）；固河堤；修筑二道堤坝；导流。第三种是最古老最昂贵的办法，这些二道堤坝距水流很远，工程太大，不能利用河水带来的泥土，泥土必须从外面运来，危急时刻很可能来不及。

A FLOOD BREACH IN THE BANK OF THE YELLOW RIVER.

黄河堤坝洪水决口

STOPPING THE BREACH.

堵塞决口

WORKING AT THE BREACH.

封堵决口

导流有三种办法：

1. 分流延缓水势。

2. 在河道中挖掘沟渠。

3. 利用河水本身的力量保护堤坝。

上述三种导流的方法不如第二种修筑二道堤坝有效，而且完全依赖于河床本身某地特殊地段的情势。总体上说，这些方法在古代被认为耗费太大，很少使用。因此，前述四种防护办法山东专用前两种。其中构筑贴面在危急时刻易于快速筹备施工，但这种办法不耐久，需要每三年更新一次，所以长久之计，坝面铺设石、砖是最经济和令人满意的办法。

山东境内黄河中段，河水流经一些小山附近地区，坝面贴补了石头，十年间这些地方没有发生灾害，显示出了这种办法的优长。在石、砖不足的地方，古代流传下来一种方法，即在对面河坝修筑一些偏斜型丁坝。这些丁坝有两个作用，一方面是逼使坝内河水急流避开河坝，同时河水集中变窄，冲击力加大，冲涮流经的河床，避免形成淤积。

在徐州附近，因采取修筑丁坝的办法，一年内河床低了 10（中国）尺。这种方法疏浚河道，具有水力取代人力的优势，为古代很多人所愿意采用。这种办法的危险性在于湍急的河水冲涮某些点位的坝基，不过，这种危险性实际上不像是理论上看来那么大，因为非常偏爱这种防护办法的人，都是一些具有长期治河经验的人。

但是，仅仅依靠这些方法本身是不够的，还必须有精通治河之理和具有实际治河工程经验之人。迄今选择治河官员方面一直存在一个缺陷，那就是缺乏真正的专家。治河官员大部分是从许多后补官员中挑选出来的，当然，尽管他们当中不乏有一些人长期治河，成为这方面的专门人才，但不能否认其中很多人能力底下。

一般情况下，遴选的治河官员没有管理治河必须依赖的百姓之权，紧急情况下往往找不到民工，只能依靠河务守护人员去做各种事情。至于这些河务守护人员，为节经费，每年冬天都行解散，来年春季再雇佣新人，河务守护人员这样全体轮换，为害治河事务实非浅鲜。1906 年，山东法政学堂（The Shantung School of Political Science）设立了治河课程，但不幸的是没有很合适的教师，1908 年又撤掉了[3]。

尽管中国目前尚未设立治河专业系科，准备一门包含以往所有有价值的治河著述在内的治河课程，教授那些未来的治河官员，将会是一件很有意义的事情。随着时间的推移，这一学科将逐步完善，积累经验，进行扩充，会日臻完善和严谨。日后治河官员，就通过进行这门专业考试来选拔。

河防守护人员也要进行改造磨练。他们不能像以前那样频繁轮换，必须随时进行有关职业素质教育和考核。此外，要建立奖惩制度，以提高河防守护人员的务工效率。

---

3 原作者注：1909 年恢复了治河课程，而且自那以来逐渐扩充，已发展成一门专业了。

二、紧急情况处理、修补堤坝和疏通水流

每年夏秋两季是黄河危险期，降雨导致河水暴涨。因此，春季要对沿河各处密切观察，根据观察到的险情征兆，山东巡抚做一评估预算，制定出危险到来时采取应对措施所需费用总和的计划。如果这一应对险情所需费用计划被批准，则这笔预算资金要分配下发给三个防务区段。

危险到来之时，要新增贴面，沿坝投放石块，或将石块绑缚柳枝一起放置坝面。如果河水大涨，河床难以通过偌大水流，出现诸如河水冲破大坝、毁坏坝基、形成漩涡冲掉贴面等险情，要有一个经仔细研究制订出的应对各种险情的计划。应掌握水流深度，如果水位过高有漫堤危险，首先要做的事情是投放砖石以保护坝基，接着堆放作物秸秆和泥土，尽可能地稳固堤坝；不然，就在大坝上建小坝，防止河水漫溢。如果贴面毁坏，要立即更换新贴面予以补救。如果贴面被河水冲走，大坝有损，要立刻检查河流情况，即刻决定是在大坝前面增加贴面，还是从大坝背面进行加固，或者在大坝薄弱处筑月牙堤。如果主堤坝出现渗水，必须立刻添堵棉花垫或旧衣料，然后，可以据情从外面用作物秸秆贴面堵塞漏洞，以防气流，或者迅疾在堤坝内建一处半圆形堤坝，这处新建半圆形堤坝至少要高出水面一二英尺。当封闭的半圆被渗漏进来的水填满时，水就不再流动，可以往半圆形坝内填土将水挤出。然后，可以安全地打开主堤，并应再次牢固地分层打造结实，以免渗漏形成裂缝。简言之，黄河目前的危险是多方面的，必须谨慎对待。

将碎石块和砖抛在堤坝内斜坡上，与淤泥堆积在一起，是保护堤坝内表面的最好办法。这一方案在本省最初用在境内黄河中段，后来又用在了下段。

防患于未然，采取预防措施当然是极为重要的，但有时水势过猛过大，非人力所可阻止，出现决口的情况就不可避免。本省封堵决口的办法如下：

第一步是在决口的两个断面构建一个固定贴面，保护决口处两个断面不再被水冲击扩大。如果决口是通过堤坝漏洞冲开的，在决口上方建两三处斜面丁坝，或者在堤坝决口处对面挖掘一条沟，将水流部分引开。当水流太强，在决口堤坝两个断面加建贴面无效时，要在堤坝上开挖一些沟槽，打入木桩支撑，将坚固的贴面嵌入沟槽保护木桩，以防其腐坏。

决口处的堤坝两个断面的贴面一完成，就应对决口处的水流强度、宽度和深度，以及被水冲走部分堤坝的工程量做出估算，据情建造新堤坝。首先要建好坝基，然后一层层建造完好。

要想封堵决口成功，坝基必须对着水流往外挤着水建造，决口处尤应如此，以增强新建堤坝对决口水流的抗击力度。这种封堵堤坝的建造，根据情况，有时从一端开建，筑一道坝，有时建两道坝，同时进行。

在构筑一段封堵堤坝过程中，要充分利用白天的时间，保证把作物秸秆和泥土层交替构建，将每一层都压到水底，不留间隙，并在背水一面培土加固。如果是同时构筑两道水坝，前后两道坝之间的空档必须用土填满填结实，是为"土箱子"。水流大小、深浅不同，一般构筑一段封堵堤坝需要两三天时间。

在构筑这些决口段堤坝时，需要一艘大船。这只大船的侧面对着决口处堤坝的一端。船要紧紧用缆绳拴在决口上游十英尺距离浅水处的木桩上，木桩要深入河床沙礁中。有些时候没有打木桩的合适地点，这种情况下木桩应置于抛锚的船中。在施工船的两侧，用坚固、沉重的大木料来阻挡水流，或者在冬天，打下一排排木桩，捆绑在一起以阻挡河冰。一根称为"龙骨"的坚固、比这条船身还要长的木料，置于甲板上，用绳子牢牢地捆绑在船上。

在这种称为"龙骨"的大木料的两端，有许多缆绳和绳索，这些缆绳和绳索的另一头固定在正在构筑的堤坝大坝上，与正在建造的大坝的各个构件牢牢地绑缚在一起。一般来说，大约21条大缆绳与连接整个正在建造的堤坝相连。缆绳终端绑缚在木桩上，这些木桩位于距决口处30英尺远的坝基上。与施工船只上称作"龙骨"捆绑在一起的缆绳的那一端，只是暂时的，当封堵决口各项工程就绪后，这些缆绳就从"龙骨"上解下来，放回坝上。类似的方式，那些较小的绳索也都解下来放回坝上，与构筑建坝各个分层和部件缠绕在一起，终端则最后固定在打入堤坝中的木桩上。决口的两端断面由一排排"骑手"固定住了，这些"骑手"就是数组由绳索交错连结的木桩，横跨决口，将构筑的堤坝各分层连接起来，绑缚在后面打入堤坝的大木桩上。在各个分层都连接起来之后，就开始逐渐下沉，直到下沉七八个分层，绑缚分层的绳索松弛下来，说明这些分层构件下沉到底了。然后要加筑三英尺厚的土，封堵大功告成。

用上述这种方式，一小段一小段地进行，到最后只留一个三十至四十英尺的缺口，这个剩下的缺口称之为"龙嘴"。缺口太窄，水流会太强，反之，缺口过大，放置填充物又会太困难。要先准备好用稻草（麦秸）和高粱杆捆绑结实的巨大"枕头"，横跨堤坝放置"笼嘴"两边，并在在它们后面打入木桩，这些木桩称之为"龙牙"，"龙牙"用绳索缠绕起来。最后的准备工作完成之后，像封堵缺口的其他部分一样，逐渐缓慢地下沉准备好的物件，只是这一次要特别谨慎小心。此时，最后成功与否，仅在呼吸之间。这些最后的封堵决口物料也必须沉下去，而且要尽可能快速地封住整个水流[4]。为避免不必要的麻烦，要预留不同的通道，以便于填土和填塞其他物料。要大幅增加搬运工的报酬，最大限度提高他们的积极性。用麻袋（草袋子）装上土支撑大坝的"土箱子"，连袋子和土一起扔下去。因为事先准备好的物料堆，常常会被那些想以高得离谱的价格出售他们自己的物料之人烧毁，在危机来临之际，要派出特别警卫人员密切看护物料堆。

在堤坝出现两处决口时，应先封堵较小的一个，后封堵较大的决口，先封堵下游的缺口，后封堵上游的缺口。如果水位很低，河水回归旧河道，应修补决口。冬季加固坝基比春季加固要好，因为冬季开始加固，雨季前会有更充裕的时间。但如果各项工作能协调顺利进行，春季修补坝基更经得起夏季和秋季的考验。

黄河水中的河沙带有黏土，容易造成河道弯曲。河道一旦弯曲不顺直，水流力度就强了，深度也增加了，沙就随水流流走了。反之，河床顺直，水流平缓宽阔，必然会出现淤积。如果根据贾让的策划，不要与黄河争土地，随着时间的推移，河床就会淤积填平，河水将另寻通道，这是古人历经许多不幸才发现的道理，是以潘季驯建议是比较可取的，这就是限制水流，让水的力量将沙带走。

然而，正如先前所指出的，最重要的问题是保持河口附近的河道畅通。

三、堤坝及防护等

应区分几种土堤坝类型：

1. 官坝，也就是外堤，是政府修筑和维护的堤坝，底部 70 中国尺宽，顶部 20 尺。在山东境内，由于这些政府修筑的外堤离河道太远，很多都被人们忽视或抛弃了。

2. 民堤，离河道近。最初这些民堤是由民众修筑和维护的，比官堤要小。当前，这些所谓民堤都是政府投资修筑和维护的，与外堤也就是官堤规模差不多。因为这些民堤离河道近，现在成了保护河道周围地区的最重要屏障，应由政府来维护和加固，而不应由相对说来力量弱小的与河道堤坝利益直接相关

4　下沉封堵决口最后构件，整个工程尚未最后完工，出了问题将是灾难性的，所以要
　　特别注意最后构件精准迅疾下沉到底。

的百姓去照料。

3. 小坝，靠近河水，是当地百姓利用沿河岸的土修筑的。

4. 分流坝（Dividing dykes），连接内堤和外堤，是为内堤决口防洪修筑的。

5. 月堤，在危险地段的堤坝外修筑，目的也是为了防内堤决口引发洪灾。

6. 助堤，在一些有危险地方的大堤外，或一些后来由于基部腐坏有问题的大堤外修筑的辅助堤。

7. 子堤（Child dykes），一些大堤上修建的小堤，目的是防止河水漫堤。

所有暴露在水流中的堤坝都会有损坏，一些危险地段必须有防护工程，施工要有一些技巧。这一类防护工程，连续不断的大长段叫"坝"，那些互不连接短小独立的工程称"埽"，这是山东黄河工程中这两个词的区别所在。

（1）"埽"：小段贴补工程

古人用七份柳木三份稻草（麦秸）制作成"埽"。雍正二年（1724年），河南布政使田文镜奏准使用高粱秸，自那以来，一直使用这种物料。获准使用高粱秸制作埽的办法是根朝外，构成埽的面，两层埽之间填上土，以增加重量。这些埽均用绳索绑缚在打入大坝中的木桩上。这些埽有几种不同形式：一种是"藏头"式，上半部埋在堤坝上部的侧面，以防整个构件被水冲走，一种是"护尾"式，建在堤坝底部，以对抗冲向对岸水流的回流水。这两种构件用来保护一种称为"磨石"（mill stone）的构件，这种"磨石构件"置于前两种构件之间，这三种形式合起来的贴补面称为"野鹅翅"。另一种长构件叫"鱼鳞"，由许多部分一部分一部分分层次构成。这种贴面即埽，用在河道急转弯处的堤坝凹处，这里遭受急转弯水流的全部冲力。这种形式的埽有双重优势，既能保护堤坝又可转移水流流向。这种埽每一层下端都大一些，往上每一层都覆盖下面一层的上部。最近，这些"鱼鳞"构建情形已经很糟糕了，上下层连接很不规则，下部完全暴露在外。如此一来，已经背离了古人的制作方法。"磨石"是个有八部分组成的圆形大埽贴面，也用于河道的急转弯处，这一大埽贴面往往用于加固一些小型称作"新月"的贴面。有一些小堤用来保护大坝不被水冲涮损毁，"门"和"扇"类小堤，用作保护偏斜的丁坝；"龙尾"是10棵或更多的整棵整棵的柳树连根带叶邦成一排，根上头下放入水中，以延缓泥沙淤积。这最后一道程序，是"埽"贴面被水冲走、河水进入堤岸时才实施的。

蒲台北镇黄河渡口

黄河洛口渡口

用石头延展贴补丁坝

悬在空中尚未建好的巨大贴面构件

篮状编织物贴面构件

为下次水流高峰预备的贴补构件

（2）"坝"：较大的防护工程

古人用"坝"这个词指称断裂的堤坝，从断裂堤坝的角度认识问题，后人意识到了丁坝的作用，随着时间的推移，丁坝的使用越来越多，直到现在，它已成为所有河流工程中最重要的一部分。在建造这些丁坝的过程中，使用过泥土、灰烬和作物秸秆，但从建设的方便性和坚固程度来看，砖和石头优于其他物料。

这些大的防护工程，都在水中进行，根据这些工程当时所面临的水流是斜向、笔直，或几乎平行的方向需要，有三种形式。第一种形式是用来引导水流偏斜流动；第二种形式是切断水道急转弯处水流的冲力，以免其直接冲击堤坝；第三种形式则是减弱转弯处的水流力度。

四、迁移安置遭受洪灾民众之法

以前，发生洪灾地区的百姓沿外堤自建棚屋居住，洪灾期间由赈抚局供给饮食。如果有村庄被洪水完全淹没，官方适当考虑之后，可能重新划拨土地或发放资金给灾民，以供他们重建家园。例如，1891 年洪灾后齐东县即如此办理。1903 年，巡抚周馥经朝廷批准设立了一个专门办事处，这个办事处帮助黄河灾民搬迁，给他们提供资金，必要的情况下，在外堤以外地方划拨给土地，提供农耕所需种子物料等。1907 年，这个专门办事处撤销，其职能移交给了河防局。

第三节　组织

一、山东境内维护三段黄河的官员列表，内含官员数额和分布、责任、驻地及任职期限。黄河三段各段的固定官员：监督一名，助理监督一名；会计一名，会计助理一名；书记员两名；砖窑领班两名。

二、黄河守护队驻地列表，展示各驻地的守护力量、职责和防护地段。1885 年，山东巡抚陈士杰（Ch'en Shih-chieh）设十个河务守护人员驻地，这一数字已逐步增加到了十八个，三个在上游地段，七个在中游地段，八个在下游地段。三个河段负责防护的官员和守护人员总计 4,761 名，防护黄河两岸 1,398 里堤坝。

三、黄河沿岸各州县官员各自辖区内的职责。

以前，黄河沿岸各州县的官员们没有防护黄河堤坝的专门责任，尽管他们为护坝提供人力。由于河务官员太少，而且在高水位时不能征调所需男丁和物料，1904 年应山东巡抚周馥的建议，沿河二十二州县的官员都有清晰明确的防务责任，由三段河务监督根据严格的奖惩条例体实行管理。每年夏秋两季，沿河州县官员必须沿堤坝间隔性地建一些棚屋，平时每个棚屋有两人驻守，涨水时加派至十人，轮班在坝上密切监护堤坝。沿河各州县官员必须提供篮筐、铁锹、铜锣、打夯木杆、提灯等等。这一措施无疑极为重要，大大有助于河务管理。

四、需要时获取劳工之法。1,400 里堤坝，守护人员 4,650 名，长川守护人员一里平均不足四人，平常即不敷应用，更不待说危急时刻了。因此，每年涨水时节，增加石头贴面，或遭遇特别危急时刻，除守护人员外，各州县官员还必须雇用临时人员帮助看护堤坝。由于经济原因，这些雇用人员秋季额外工作完结以后就遣散了。这些临时雇用人员没有经验，效率低下，一般情况下，来年大部分就不再雇用了。这些人在当地通常是没有谋生手段的人，一旦被解雇，易给当地社区带来危险。因此，河道总督靳辅提出的准予这些临时雇用人员耕种堤内无主土地方案，十分得当，利于在山东境内施行。

五、河工互通声气方面的安排。1,000 多里的堤防，危急情况下，险情地段不时变化，经费、物料、人力随时可能需要迅速转移，互通声气就成了一个非常要紧的问题。以前，河务互通声气靠信函往来或递信专差。1898 年，大学士李鸿章提出有必要沿黄河架设电报线，1902 年山东巡抚周馥再次提出了这一主张。1902 年秋，沿黄河架设电报线工程开工，1908 年竣工。这条电报线路全长 1,497 里，连接济南府的河防局和沿黄十五个分局。自此，山东境内河务任何变化相关情报，可以即时传递。

六、费用

山东黄河事务每年拨款可以分为四类，一般情况下，为如下四类：

两

1. 应对高水位季节拨款 ……………… 600,000
2. 应对突发事件拨款 ……………… 50,000-100,000
3. 加固堤坝拨款至少 ……………… 150,000
4. 砖石备料拨款 ……………… 65,000-75,000

第一类拨款，自 1891 年固定下来后，至今未有变化。其余三类拨款，根据工程难易程度估算每年有所不同。

除了上述四类拨款，还有一些额外工程的专项拨款，像封堵决口，新建堤坝等。这些拨款数额，根据三个河段各分段监督或山东巡抚派出到工程现场的专使做出的预算方案拨给。

各个级别的薪水和支付工程物料的数额是固定不变的，都很低，例如，各河段监督的薪水，每月俸米之外，只有四两多银子的"食盐和蔬菜"钱。这一薪资是固定的，在物价处在低谷时和近年来生活费用比较高的时候，均无变化。下级官员的薪资，依次递减。

物料固定不变的低价格，近年来已经买不到所需物料了，这就导致了向北京呈递所用物料数量的报告时，弄虚作假，尽管向山东巡抚报告的是真实数据。不过，1908 年，北京方面对这一问题做出了调整，以致有可能向朝廷禀报各种物料的真实价格和购买数量了。

黄河笔记

海岸巡工司戴理尔（W. F Tyler）上校，1906 年。

戴理尔上校在前言中指出：

黄河问题最最重要的因素不是工程问题，而是行政管理问题。首先要使政府认识到危险迫在眉睫，要意识到黄河肯定是可以彻底控制的。

调查治理黄河事务委员会报告第 6 页涉及到了"堤防以外的其他事务"。

1853 年[5]，黄河在开封附近决堤，泛流 270 里夺大清河河道，流经 800 里入海，大清河河道好像是专门为黄河水准备的。大清河宽一里，平原地区深 50 英尺左右，这样一道河床本来足以容纳黄河水，但每年黄河水都带来大量泥沙，形成淤积，以致高水位时水流每每接近堤岸顶部。

黄河历经 30 年平静期，于 1853 年开始缓慢地漫溢到平原地区，针对这一问题，山东巡抚陈士杰自东阿起沿河两岸修筑堤坝至海，这就是现存的黄河外堤。陈巡抚很明显意识到了情势的需要，所建两岸堤坝相隔距离为 15 至 20 里，给黄河水与黄河水带不走的泥沙预留了大量余地。

大约在这一漂亮工程完成两年以后，即 1885 年[6]，东阿县以下泛黄区拥有土地的农民，向山东巡抚陈情，请求允许修筑内堤用以保护他们的土地财产。此时，有远见的陈巡抚已经不再管理这个省份，短视的张耀担任山东巡抚，批准了农民们的请求，现在山东正在收获批准这一请求的可怕后果。

这一可怕的后果就是完全无体系无节制地加高内堤堤坝，最后由政府接管，花费数百万两银子，实际上仍无济于事。

5　误，应为 1855 年。

6　误，应为 1887 年。陈士杰 1885 年时还是山东巡抚，1886 年因病辞职回京，张耀于是年调任山东巡抚。

与此同时，黄河水并不仅仅满足抬太高大清河河床，逐渐地，也抬高了外堤内平原地带，直至河水高于平地 15 尺，也就是说，20 年间水位高出外堤内平地 15 尺，每年高出四分之三英尺。

这种情形还会持续很久吗？再过十年，黄河水位将高过地面 22 英尺。黄河上下护堤队的那些官员和守护人员，人们一般会认为黄河再维持目前状态二十年，这些人终生就靠护堤吃饭了，但黄河不可能再维持现状二十年。如果黄河再次脱离河道，将与五十年前的决口不可同日而语了，那时已没有一个现成的大清河河道供黄河水借道入海。多少年后，或许几十年后，黄河水会再次淹没以前淹过的地方。

戴理尔上校在他的报告第 9 页谈了自己的意见：

我相信最终找到解决黄河问题的办法是让河水在沿河大范围内漫流，即在于洪水的自我调节。

他在第 12 页写道；

仅山东一省，政府和人民一年就就因黄河损失不下三百万两白银，而每年治河拨款仅六十万两。

著名荷兰工程师李克（de Rijke）著有《日益令人惊恐的黄河》（*Terrors Impending over the Yellow River*）。戴维尔上校概要记述目前情势时写到：

目前情况下，黄河每年花费和带来的损失，粗略估计为五百万两白银，这还不计每年的生命代价和遭受的苦难。但是，将来的情况和风险会是怎样的？会与过去的一样？众所周知，将来的情况会更糟，即将面临的危害要比过去大得多，大的无法估计。未来的危害如此之大，如此确定无疑，目前的防护办法简直就是灾难，防范未来危害的费用将十分巨大。但妥善处理，可能不用花费目前这么大的投入即可防范这一危害，目前的投入是每年三百五十万。然而，即使投入所需费用的两倍，也不一定保证不出问题。

他在第 25 页写道：

我们对平原的状况了解非常有限，但我们能否确定黄河很可能永久性地离开它现在的河道？最好考虑一下中国人的意见，看看他们的意见是否能证实我们依靠有限的知识所做出的判断。

他们说，如果黄河在大运河以东的左岸决口离开现在的河道，河水会进占离它不远的另一条河道，即附近徒骇河河道，这实际上是可以确定的，因为该处是临近海边的倾斜地带，每一英里下降一英尺。他们进一步指出，如果黄河在大运河以西左岸决口,"河水会流向天津"。如果黄河在临清镇大运河决口,河水可能或者说很有可能先向东,再向北,最后向东入海,夺占卫河河道。从另一方面说,如果河水穿过卫河,那就会势不可挡地向北流抵达天津,经白河入海。说到这里再回头审视我关于这一问题的看法,还是要坚持我的意见,即付出与大自然协调行动的代价,换取如果不是成千累万也是成百上千英亩土地上极度不安的乡村,重新成为肥沃的良田。

黄河问题,可能不用付出比目前阻止它完成构筑平原的自然功能还大的徒劳代价,就可以得到解决。

第十九章　山东的物产[1]

牛津大学硕士白向义（E. W. Burt）牧师　编辑

　　人们普遍认为山东是中华帝国最贫穷的省份之一。一些休闲旅行者仅仅看到了烟台和青岛附近的农村，因此可能产生一种印象，认为这些地方多为连绵不断的起伏山岭，山风呼啸，乡村一片荒芜景象，这里的人们一定非常贫穷。再看一眼唯一可利用的外国地图，会极大地加强他们这一印象。这种外国地图（都是一个样式、非常不准确的原始地图）显示这些山区有很多平原和起伏不定的肥沃农田。的确，山东确实贫穷，这主要是由于山东完全没有现代工业，平均人口密度几乎与英格兰和威尔士一样，或稍低于英格兰和威尔士，而英国人已经很大程度上不依靠当地农业了。

　　目前，山东人总体上与全国一样，几乎完全依赖农业糊口，土地生产能力已经难以满足人口增长的需要。食粮需要进口，但除了铁路，整个交通运输条件使得进口粮食几乎是不切实际的，而且相对有限的出口产品价值无法承担进口粮食的费用。

　　与此同时，山东农业工具非常原始，但山东农民对如何使用他们居住的这块土地的一些最重要的原则很清楚，他们耕作施用肥料，进行必要的作物轮作，一般也能利用豆科植物的肥田作用，获得比预期好一些的收成。全省大多数土地并不贫瘠，农产品种类丰富。

---

1 本文大部分资料是丁格尔（Alfred Tingle）博士收集的，以前在沂州府、现在潍县的方维廉 （W. P. Chalfant）和潍县的方法廉（ F. H.Chalfant），以前在泰安府、现在潍县的考赛恩斯（H. S. Cousens），周村的法思远 （R. C.Forsyth），庞家庄的德福兰（ F. F. Tucker）等先生对丁格尔博士的笔记进行了补充，提供了具体数据。

主要农作物

谈及山东的农作物，最好先说说像济南府东面的低地地区的主要作物。这一地区的农民会把他手里一半土地的十分之四在秋季种上小麦，同样比例的另一半土地在春季种上高粱[2]和谷物。来年大约 5 月底收获小麦。小麦一收割完，随即种上各种豆类作物。高粱和谷子大约在 9 月收获，收完高粱和谷子的地里种上了小麦过冬，而在 10 月收获豆类的土地，则休耕至来年春季。

可以认为约十分之一的土地用来种植蔬菜等，尽管这种情况并不普遍，但可以视作一种典型。

不过，其他农作物也必须说一下，在有些地区这些农作物相对说来非常重要，甚至比以上提到的还重要。像地瓜，山东几乎所有地区都栽种，在平度东部山区几乎取代了高粱，似乎是周村东部和胶济铁路以北地区最重要的农作物。地瓜似乎被认为是不如谷物的作物，但特别适宜多沙的土地。和地瓜栽种季节一样的花生，也特别适宜多沙土质。山东凡沙质土壤的地区都种植花生，一般都有利可图。花生既可作为食品，也可以榨油，常常见到人们把花生油带到很远的集市上出售。此外，近些年来，花生已经成为相当重要的商品输出欧洲。

玉米在山东许多地区有少量种植，但除了西北和南部地区，山东人并没把它视为重要作物。

黄河北部和赵王河（River Chao Wang）西部最重要的农作物是棉花，这些地区的土壤是很轻的轻壤土。全省其他各地似乎不种棉花，但华北市场广泛出售山东棉花。更惹人瞩目的是现在山东棉花竟然向产棉大国美国出口。

蔬菜产品，山东各地几乎都有。主要栽种白菜、莴苣、萝卜，各种本土小萝卜，胡椒、韭菜、大蒜、芹菜、茄子、山药、胡萝卜、瓜、葫芦、西瓜、南瓜和黄瓜。大蒜很可能是上述蔬菜中最重要的一项，大蒜几乎是所有人的普遍消费品，之所以普遍流行的原因，可能是普通农村人缺少食盐和其他调味品，以笔者的经验来看，制作粗糙、坚硬的本地面包，放一点蒜就能可以有很好的口感。

受外国人影响，土豆已经成功引进山东，很多地方都有种植。

---

2 中国人的高粱是各类的大粒高粱，一般家庭普遍食用，也有些富裕家庭用作牲口饲料。收获之前，把高粱叶子从高粱秆上扯下来，冬季用作牲口饲料，高粱秆编成茅草屋顶上的房笆，甚至连根都剖出来晒干，冬季用作燃料。

水果

水果大大丰富了山东物产，这一点在山东南部地区尤其明显，那里的果树覆盖群山之间的山谷，阻挡冬季凛冽的寒风。

山东种植樱桃，但一般来说，果实很小，质量欠佳。

杏子树很多，至少有五个品种，大部分质量都很好。

桃树也很多，发现至少有二十种桃树。省城西南的费城地区出产的桃子很有名，但这种桃子的名气更多的是因为它的个头大而不是因为味道上有什么特别。山东的桃子，比不上美国密歇根州和新泽西州的桃子。

石榴，山东至少有两个品种：甜的和酸的。据说位于山东西南部的徐州府（Hsünchowfu）[3]种植的石榴是最好的。

柿子是山东山区最重要的作物。种类达十三种之多，其中有些品种是中国所独有的，有的是山东特产。像无花果和枣子一样，柿子晒干了可以保存很长时间，但晒干了的柿子太甜，即使很清洁，也不太受外国人欢迎。

中国枣子在山东种植很多，尤其是长青一带。

梨树栽培很普遍，种类很多。梨的个头一般都很大，但坚硬没什么味道。据说最好的梨产自泰安府平阴县，不管怎么说，平阴产的梨个头最大。青州府出产一种个头较小的梨，但味道比较好。

外国人引进的巴特利特（Bartlett）梨在山东长势良好。只是这种梨没有特别指导，中国人不可能成功栽种，因为这种梨与中国本土任何品种的梨性质差别都很大。不过，山东的气候无疑适宜这种梨生长。

很多地方都种植苹果，但好品种极少，大部分品种都一个样，"软绵绵的"，没什么味道。

有很多种本地葡萄，但没听说山东有本地制造的葡萄酒。烟台附近有一处外国公司经营的葡萄园，各种外国葡萄长得很好。据说山东内地也有很多地方成功地种植了外国品种葡萄，尽管这些地方并没有试图进行商业开发。

山楂[4]，似乎是中国特有的一种果树，果实外形上像英国山楂，只是比英国山楂大得多，用来制作一种很美味的果酱。山楂在山东全省各地均有种植，但泰安府邻近地区出产的山楂最好。

3　疑指今郯城一带。历史上郯城曾是徐州刺史部治所。

4　山楂，一种特别品种的野山楂，中国各地都有种植，果实红色，味酸，樱桃般大小。

山东南部山区植有大量核桃树,青州府地区尤其著名。板栗树种植也很普遍。

除以上所述之外,值得注意的是靛蓝植物种植。有大量人工合成靛蓝进口,但如果单独使用进口人工合成靛蓝,会留下太大红色阴影,因此要将人工合成靛蓝与本地自然植物产品混合使用。

这里应该说一下紫草(Tzu-ts'ao),是几种植物的总称,比较特殊的华北紫丹属草类植物,能制作红色染料。这种植物极耗地力,种植这种植物,须待60年以后地力恢复才能成功种植其他作物。在种植这种植物之后,来年或让土地休耕,或者种植可以喂马的三叶草(车前草)[5],以及一种称为地丁(titing)的豆科植物,以改善耗尽了的地力,很多地区尤其是西北部地区就是用这种办法。

还有一种种植较少不怎么重要的作物——荞麦。种荞麦的季节很晚,这个时候其他作物不能种了。

稻子是中国南方人的主粮,气候条件关系,山东种植的不多。济南府章丘县明水镇种的一种稻子,质量优良,价格比从南方进口的高得多。

在山东,烟草算是一种普通作物,潍县、淄川、泰安的烟叶都很著名。烟草是这里继豆子之后最后一茬作物。

政府鼓励人们种植桑树,目的是为了缫丝。在济南阅兵场有官方培育的桑树苗。提倡的结果是山东出产大量的丝,青州府、长山、沂州府出产尤多。沂州府北部山岭地区,出产大量野蚕丝,这些野蚕都放养在橡树上,还有一种特别的楸树[6]蚕,沂州府城和其他城市周围地区培育的普通丝蚕,是从南方进口的。山东北方的商人到这里购买丝绵,沂州府或其他大的中心地很可能有一家缫丝厂出售这些丝绵。益都、临朐、长山、邹平农村地区种植大量桑树,在家里饲养桑蚕,是成千累万的妇女工作的一部分。

煤炭和矿产

煤炭 山东最好的煤炭产自峄县,据称那里有一座使用半西方式开采的煤矿。这座煤矿有盐运使的股份。在那一地区,煤田很大。目前,煤炭运输全部通过运河。一条连接津浦铁路与矿井的中国铁路线正在修建,如果不是来自

---

5 三叶草(车轴草),中国人叫苜蓿。
6 楸树,胡桃属的一种,有两个品种——楸树(Catalpa Bungeai)和灰楸。

北京方面的阻力，这条中国铁路可能已经建成了。本来准许修建，当所有修筑材料都购买了之后，又不准修筑了。德国人正忙着开采潍县坊子煤田，但那里的煤炭质量不如淄川和博山出产的煤炭。

黄金　黄金在平度东部很多地方有广泛分布，但值得开采的不多。一家外国人开办的金矿，由于中国官方的阻挠放弃了。不过，在潍县有一家外国人控制的金矿依然在开采。

铁　沂州府西部地区有铁矿，同时也有煤田和石灰石矿藏。沂州府西南大约 50 里的大冶（Tayeh）地方发现了纯矿石。沂州府南去 30 里的付家庄（Fuchiachwang）有一些铸造厂，用外国废铁打造各种铁制器具。外国废铁也用来制作精铁，沂州府城内外和周围地区有许多铁厂打造家用剪刀和斧头，也有一些铸造骡子铜铃的厂家，山东北部一些赶骡子的人在这里购买这种铃铛。

制造业　本地制造业中，我们首先要说到的是一种进口食品，即一种细粉丝（vermicelli），生产量很大，近来公开报道称仅一个县的产值就 2,000,000 两，所以这里要详细描述一下它的生产过程。细粉丝是用绿豆制作的，绿豆有些是当地种植的，有些是本省南北各地由水路进口的。绿豆经过浸泡、精磨之后，放到大缸里，待渣子沉淀下去之后，取出水和渣滓之间那层绿豆浆。然后，把绿豆浆过箩，再放到四个角吊在空中的一块布上，把水滤掉。随后放到太阳下晒干，这就是纯净的绿豆制品了。再加水到这些晒干的绿豆制品中稀释一下，放进一个底下镶有布满孔洞的铜板的葫芦里（这块有孔洞的铜板有的是方形的，有的是圆形的），经过稀释的绿豆制品通过那些孔洞流入下面的沸水锅中。经过沸水煮过的绿豆粉丝就这样制作出来了，而后，把它们放进冷水中过一下，再把它们挂在绳子上晒干（晾干）或冻干，就是人们见到的粉丝了。

陶器和玻璃　沂州府西南的朱陈（Chuch'en）镇和湖西崖（Huhsiyai）镇有很多陶器制作工场，生产大量粗糙的陶器，出口到很远的地方销售，范围广大。博山也是一个巨大的陶器生产中心，同时那里还是各种玻璃制品的生产中心，不过那里的玻璃质量低劣，只能制作玻璃球、烟袋嘴、玻璃杯等。最近，博山建了一座大型玻璃厂，这家玻璃厂是外国人建造并由外国人管理的。

厚棉布等　平阴县北部的于家店（Yuchiatien），纺织厚棉布的非常多。平阴南部生产玫瑰叶茶和玫瑰叶酒。

礼帽　礼帽是沂州府的一项小生意，各厂家制作的礼帽销售地都很远。在德州出产一种衙门当差的等夏天戴的草帽，这种帽子是用蒙古生长的一种叫作靰鞡草（wula ts'ao）制作的。据说这是德州地区一项特有的产业。

另外可以列举的在山东很有吸引力的一项生意，是发网编织。欧洲一些公司开办的企业发现山东劳动力很便宜，值得它们运来人发编织成西方国家很时髦的戴在头上看不见的发网。烟台一家公司在山东各地设立了很多中国代理机构，这些代理机构分发人发到家家户户，各家各户的家庭主妇和姑娘们很熟练地将头发编织成发网，报酬很低廉，一只发网 50 个小铜钱，以现在的汇率，不足半便士。在西方国家，这些发网零售每只一先令或更多一些。

莱州府和山东东部地区草帽缏业兴盛，烟台和青岛出口大量草帽缏。距泰安府 100 里的新泰一项重要产业也是草编业，那里的草编业是几乎专门由妇女来做。

在青州府。周村、潍县一些大市镇，有很多店铺制作各种铜、黄铜和铁制品，此外还制作毡、布、皮革制品。在这些大商业中心周围的乡村地区，有一个共同的特点，那就是每一个村庄贡献自己一项专门制作的产品，例如，这个村庄专门打造铜板，那个村庄生产黄铜钮扣；有些村庄，很多男人忙着制作有序地编排制品的丝或棉质配件，或制作梳头用的木梳；在另一些村庄，制作庙宇里用的香，或制造一般民众用的褐色的纸。此外，各个村庄都或多或少地从事纺织业。

在山东山区，很多地方都有一群一群的绵羊或山羊。沂州府有少量木材运至青岛或烟台出口。各地都是用牛拉车或耕作。沂州府相对说来很少有马或骡子，但在沂州府南面的乡村，却经常有成群的骡子或驴甚至马向北方出口。这些骡、驴或马匹主要来自江苏省北部地区。莒州北部地区饲养水牛。食用猪的饲养很普遍，经常可见到成群结队地赶向山东北部。安徽陶老（T'aolao）东部各港口、青口（江苏）都有打包房，猪肉在那些地方用海盐腌制准备出口南方。

山东有相互联系的双重灾难——旷日持久的干旱和突如其来的暴雨。要改变遭遇这相互联系的双重灾难局面，需要实施大规模的科学造林计划。青岛德国当局已经在青岛附近的山区培植了大量小树林，如果山东全省能够明智地效法他们的做法，对于防止这双重灾难的袭击有极大帮助。山东的小山上几乎都是光秃秃的，没有树木。因此，每当夏季暴雨来临时，雨水无所存留，形成山洪，稀里哗啦地无序冲向平原地区，成千累万亩良田随即变成了无可耕种的荒地，因为暴雨洪水把田地都冲涮成了一条条干涸的沟渠。人们缺乏林业科学常识。合理科学地植树造林，能够极大地提高山东农产品的产量。庆幸的是，最近省城成立了由外国专家管控的林业局。

此外，山东北部还定期遭受黄河洪灾之苦，有时受灾面积全省108县中达30个县被水，秋庄稼毁掉或受损。急需像埃及近些年建造的现代拦水坝和灌溉体系，如果建造一个这样的体系，将有助于保护山东的自然资源，防止经常性的饥荒，目前这样的饥荒折磨着山东百姓，迫使成千上万的人一次次迁徙他地。洪水过后，数千亩良田覆盖了厚厚的沙子，什么都不长，在这些不毛之地，荒凉景象令人震惊。与此同时，这些地区在洪水高峰过后，随着流水缓慢流走、沉降之后，有大量沃土堆积在田地里。因此，现在的问题是要如何控制和规范洪水流向，而不是完全防止洪水。适当控制之下，黄河过多的水会像尼罗河那样造福于山东。

如此说来，植树造林和兴修水利是当前山东的两项主要任务。

开发矿业资源和手工业向工业转变，也将极大地改善山东人民的生活条件，通过出口矿产和工业品换取食品，山东需要进口食品来满足其庞大的人口需求。

修筑较好的公路、改善运河的运输条件，修筑完善的铁路，将造福于山东人民，山东的矿产和其他自然资源开发的很少。

随着现代教育的进步，我们希望看到一种新的公共精神和新的工业企业的出现，这将逐渐为病态、困苦、贫穷的数百万山东人民造就充满光明前途的生活条件。

第二十章　山东现存问题与解决方案建议

《1900 年中国殉道者》（China Martyrs of 1900）一书的编者：

法思远（R. C. Forsyth）

山东省可以认为是中华民族的发源地。据说中华民族源于西方[1]，接连不断的移民沿着黄河来到中国，留在这里并坚守到现在，这一说法至少有其可能性价值。

移民潮就像河流一样穿越现在位于更西边的各省，最终被大海阻断了去路，在"诸山之东"即山东定居下来。这里的原初居民被新来者征服、同化了，或者被赶走了，这些新定居的中国人不断拓展其统治区域，今天除了控制和影响大量的"化外"地区以外，本部分为十八行省。然而，山东保留了它中华民族发源地的地位，不久又因为这里是中国伟大圣人的家乡而愈益尊贵起来。据说泰山上就有过祭拜尧、舜的活动，尧、舜是可称之为"中国盛世"的英雄，泰山是中国五大神圣山脉之一，位于山东省城济南府以南 50 英里。

孔子出生在泰山以南约 60 英里的曲阜城，公元前 478 年安葬在那里。孔子的坟墓位于曲阜城外一片美丽的松林里，一座简单的坟堆，坟堆前立有一块石碑，给人最深刻的印象是简朴。曲阜城目前约 50,000 居民，都是孔子家族，都姓孔。这里由孔子第 75 代嫡系衍圣公治理，看守他伟大祖先的坟墓，不经北京朝廷特别允准，不许离开这个地方。

1　学界已经证明这一说法是站不住脚的，参见戴逸：《中国民族边疆史简论》，民族出版社，2006 年，第一章。

继孔子之后为中国人尊敬的孟子的墓地，在曲阜以南约 40 华里（13 英里），与他更著名的先辈的坟墓一样，也非常简朴。

在中国的每一所乡村学校，学生至今都要付出艰辛努力精确背诵圣人留下的经典，学校的主课就是圣人留下的经典，这足以说明人们对记忆中的圣人的非凡崇拜。

山东是两位最著名和值得所有汉族子孙尊敬的圣人故乡，因此在中国所有省份中享有独一无二的荣誉，时至今日，人们依然以崇敬的心理诵读两位圣人的著述，期待从中获得光明和指导。

山东人依然忠诚、精力充沛，战斗中勇敢，倾向于动乱和暴力。他们要比邻省遭受鸦片的折磨轻一些，现在官方已经禁种鸦片，衷心期望这种毒品仅限于用作医疗疾病的药品，山东及其他省的人民完全摆脱其有害影响。

山东自耕农稳固普遍，人们都拥有少部分土地，这一规则几乎没有列外。每个农民都把自己祖上留下来的土地视为神圣的，活着的时候兢兢业业地辛劳耕作，死后渴望就埋在他祖先们中间，因此他们都牢牢地固守着他们的土地。

人口过剩

人口过剩一直是山东要解决的问题，而且是个无比重要的问题。土地被必须依靠土地供养的庞大人口耗尽了。在中国可居住的地方，除了长江流域各省一些地区之外，没有比山东人口密度再高的了。

人们估计山东人口为 30,000,000-40,000,000，前一数目可能更准确一些，按中国人的方式推算，这意味着每平方英里有接近 500 张要吃饭的嘴。由于山东一大部分地区为山区，以及大片土地临近北直隶湾，土壤碱性很高，不能耕种，全省可耕地大大减少，因此广大肥沃的平原地区人口拥挤。这些超负荷的地区食用粮贫乏，一遇到收成不好的年景，广大民众就要遭殃，而如果两三年歉收，则会发生饥荒。再加上黄河和其他河流水道长期闹水灾，淹没土地毁坏庄稼（夏季几个月雨季到来时经常如此），民众的灾难难以言说，生活资料进一步断绝了。大量较贫穷阶层的民众，每年冬季都徒步南行讨饭度日，来年春季再返回家乡适时春种。寒冷的冬季，每年都有成千上万的乞丐成群结队涌向城镇，靠地方官员们向每人每天供应一碗小米粥生存。在济南府，坏年景这样悲惨不幸的人有 50,000 之众，他们一度数月之久蜷缩在仅能躺一个人的小席棚下，整个严酷冬季，没有任何铺盖，最好的情况是靠济南地方当局每天供给一碗小米粥度日。

食物匮乏，迫使很多人向山西、陕西移民，成千上万的人迁徙满洲。在目前情况下，除非政府组织大规模移民以减轻过剩人口压力，人民似乎没什么希望。据报山东有一位巡抚，当向他询问关于向南非输出苦力的问题时，他说未来十年如果每年能送到国外任何地方 1,000,000 人的话，他将很高兴。只有在政府赞助下进行这样大规模的海外移民，才有希望永久缓和目前的不幸局面。移民满洲，可能是解决山东人口过剩的更可行的办法。

殡葬问题

数不清的坟墓和茔地随处可见，可耕地严重减少。在适当条件下，或许可以控制这种习俗，像建造铁路时那样，铲平坟墓，将尸骨迁移。不过，改变这一古老习俗，需小心谨慎，因为崇敬死者已经是中国人宗教的一部分，在中国人心目中，"祭祖"可能是所有祭奠仪式中最重要的事情。因此，不宜草率立法，采取任何不明智的措施，但可以像其他国家那样，鼓励合作建公共墓地，或可节省土地，特别是把这种公共墓地建在山脚下或建在废地上抑或建在属于全村所有、城镇中属于政府所有的公共场地上。

公共工程

由于冬季农村所有人都无所事事，或许可以雇佣他们从事像最近完工的连接上海的津浦路支线那样的公共工程建设。另一条烟台到潍县的铁路很久以前就设计了，但至今尚未动工。如果由德国工程师设计规划，修建胶州和沂州府间的铁路，似乎更易于操作。

改良烟台海港

改良众所周知的烟台海港是一项很容易做的事情，去年公众已经采取了行动，但现在又再度犹疑起来。设计建造一条海坝，事实上就将使现在简单的泊锚地，变成足够安全的优良海港，必要的话，在中国沿海活动的所有外国舰艇都可泊于该港。

疏通水道

如果要让连接济南至海的水上通道发挥更大实际价值，当前十分必要的一项公共工程是疏浚从羊角沟至省城济南的小清河。关于山东境内的大运河，或可重新开通。目前，山东境内大运河被人们严重忽略了，大部分航道实际上已无使用价值。这项工程需要政府来做，未来多少年间，许多其他急待解决的问题，似乎还不具备着手解决的条件。

黄河

为了把一直有"中国忧患"之称的黄河变成与自修筑新堰坝以来的尼罗河相媲美的令人欢欣之河，需要有能力的工程技术人员依靠科学和经验统筹解决。黄河 2,000 英里流程大部分流经巨量黄土堆积的地区，这是黄河的一个主要特征。

黄河水量大，水流急，沿途冲刷带走大量黄土地表层浮土；稍重一些的浮土沉到河底，致河床越来越高，迫使沿途各有关地方当局在河两岸修筑大坝，以期在洪水期控制河水不使溢漫。这种做法的历史很久了，所以很多地方的河床要比其周围农村的地势高。雨季，黄河水重力和压力大增，雨水浇软的堤坝难以抵挡巨大的压力，河水便在最易冲破的地方决口而出，给广大农村带来最可怕的浩劫、痛苦和生命财产损失。笔者清晰记得最近一次大洪灾后的赈灾场景，真可谓令人撕心裂肺，难以言说。有两名赈灾工作人员驾着一艘小船在水中行了四天，这四天行程的水面下原本是耕地，而这还仅仅是巨大洪区的一小部分，那次洪灾湮没 34 县地方。洪灾后的幸存者在黄河大堤外面建起了横列多达四五排的小棚子，绵延约 20 英里，这些避难的民众男女老幼估计约 200,000 之众，数月时间，他们靠救济生存，直到洪水退尽，才得以回到他们已经毁坏的家园和浸透了黄河水的土地上。

尽管黄河决口给人们带来了上述难以尽说的痛苦，大片土地完全被洪水冲毁，并囤积下大量泥沙，但是，洪水有时也能留下肥沃的深褐色浮土。大水退尽之后，这些沉淀有浮土的土地，数年间不用像通常那样施肥，都会有非常好的收成。

如果这一"中国忧患"能够像埃及的尼罗河那样为堰坝所征服，把黄河水积聚于大湖中，在需要的地方通过水闸放水浇灌，那么，这一"忧患"之河既不用再担心带来灾害，又可以为这一代及所有未来后代造福。然而，唉，诚如湖广总督张之洞所说，每当采取什么措施治理黄河的时候，"中国就是个贫穷的国家"。

在采取任何有效治理措施之前，需要引进外国企业、资本、技术，还有一系列急需进行的改革并筹集大笔资金，这需要等待，经常进行治理造成的令人遗憾的浪费必定还会继续，人民难以叙说的悲惨境遇依然难以解脱。

盐碱沙土地

北直隶湾周围地区大平原上普遍是盐碱沙土地。目前，这些盐碱沙土地为一片废弃荒僻旷野，只生长野草；然而，就是这样的野草，也都被收割用作煮饭柴草，春季，大量的妇女和孩子们在收获季节到来之前，每天都出来收割荒野上的野草。

或许可以在这些荒僻旷野沙土地上种植苜蓿和其他草类，从而将荒野变成牧场，养殖大量的羊和牲畜，把盐碱地变为生产粮食的良田以养育百姓，饲养维持生计用的牛，此外还可以增加羊毛、兽皮出口。

农业局

可在省城设立一个农业局，有效安排计划盐碱地种植苜蓿等相关问题，发布利用硝化细菌及其他有关耕作问题资讯，或可使某些作物产量增加一倍或两倍，从而为目前经常缺乏食品地区的广大民众提供富足的食品供应。

对现在旧品种和老化了的果树嫁接各种新品种。引进其他种类的蔬菜，像山西省最近几年引进的爱尔兰马铃薯，已经成了普通食物。

劳动力浪费

正像前面已经指出的，冬季几个月时间，劳动力浪费现象非常普遍。事实上，成百上千万的整个农业人口，冬季三个月时间无所事事。这本身就意味着巨大的时间和能量的浪费，这些时间和能量可以投入为全省谋利益的生产性劳动。

道路与公路

曾经是修筑、养护很好的道路和公路，由于长时间疏于修补，现在已经如此残破了，雨季几乎有三个月时间无法通过。笔者清楚记得在许多年前，8月末的时候要从青州府去烟台，大约250英里旅程。这次旅行在那时候全是陆路行走，大约要十天时间。必须雇用一台八人轿子、几辆马车和轴子运送这伙人，还有几头骡子驮运行李。从黎明到深夜赶路，只中午休息两小时。我们发现很多地方的道路被水淹了，有时水深至膝盖，有时则深至轿夫和赶骡子人的腰部。马车和那些牲畜挣扎闯过泥沼和水坑时吓得人要死。通过这些地方时男人的吼叫声、抽打骡子的鞭子声和混杂的喧嚣声，终身难忘。这种情形现在依然存在，损坏的道路还都是那个样子，一点都没整修。每当想到日本以及威海卫和青岛内外宏伟的公路体系，人们就想知道什么时候能彻底把这些道理修好，想知道怎样才能修好这些道路。

或许可雇佣那些冬季无事做的农民采集修筑碎石路的物料。让政府供养的军人修筑一些主干道，修筑这些道路在军人的军事行动中将发挥巨大作用，同时对于便利民众也有重大意义。

罗马士兵2,000年前在英国帮助修筑的道路，至今仍在使用。中国军队在有效的监督下，同样有能力在山东和其他省份修筑这样的道路，他们曾在登州府和黄县之间修筑了一条道路，多年来一直在使用，没有理由认为会有人反对在其他地方修筑同样的道路。

通过这种方式修筑帝国主干道，花费很少，雇佣冬季无事做的农民和利用军队士兵搞建设，免得他们做破坏性的事情。

这样以来，马车交通将得以恢复，马车货运将更容易抵达铁路，货运量将极大增加。机动车可能不得不参与马车货运行列，甚至帮助马车运送货物到火车站，为主干道不能运输的地方提供方便快捷的货运通道。

发生饥荒以及食品匮乏时，轻便迅捷的交通条件是至关重要的。印度的大饥荒就是由于有轻便迅捷的交通条件而得以有效地实施赈济。1877年山西可怕的饥荒期间，一个著名的事实是数百万人饿死而天津和北京粮仓里的数千吨大米和其他谷物，因缺乏有效的运输手段原封未动。如此说来，似乎没有理由不开始修筑道路，直至全国布满优良交通运输网络。最初的开办经费，可以通过征收交通旅行税加以解决，而随后必要的维护，花费的时间、经费以及困难相对说就不多了。

食品供应

由于山东人口一直在不断增长，如果从任何意义上讲都要适当地养育民众的话，应该谋求新的供应和利用食品的渠道。

山东就某方面而言处于幸运的地理位置，那就是三面环海，因此，有人以为会有大量的鱼，而且很便宜，那鱼就不失为一种食品，但令人惊讶的是情况恰恰相反。假如你在沿海数英里范围内随便走走，就会发现事实上无论什么价钱，根本买不到新鲜鱼。山东半岛的一个港口石岛，有大规模的干鱼贸易。中国南方的沙船，按季节到这个港口来装运干鱼，从从事这种贸易的船只数量判断，干鱼贸易量必定非常巨大。山东内地大多数大集市上，有少量干鱼和咸鱼出售，但供应量有限，价格绝对不便宜，所以在考虑为民众供应食品问题时不能把鱼计算在内。

湖里也能捞取新鲜鱼，但数量太少，几乎不值得提及，而且价格也过高。事实上，鱼被视为奢侈品，无论如何都不是一般意义上的食品。造成这一局面的原因是运输困难且费用太高，在修筑好道路、建立起良好的交通运输网络之前，这种局面不可能得到改善。

有些季节野鸭很多，如果大规模地捕捉和宰杀，或许会引发人们大量饲养。然而，这里盛行佛教观念，中国人杀猪、鸡、羊和其他动物食用似乎没什么问题，但却畏于捕杀野鸟或野兽，至少是不大规模地捕杀野鸟或野兽。

鸡的饲养量很大，而且都是本地自己孵化繁殖，但鸡和鸡蛋却不是普通人的日常食品，而是只有家境较好的人家和富人才食用。可以想见，如果能更容易地到达新鲜产品市场，鸡和鸡蛋贸易或许会极大增长，价格也会比较低廉。

蔬菜种植

众所周知，在蔬菜种植方面，中国人善于精耕细作，或许可以更大规模地搞蔬菜种植。如是，在相对小块的土地上手工劳动，就可出产数以吨计的食品。大白菜是山东著名的农副产品，品种多样，远近闻名；胡萝卜也大量用于食品。菜椒、辣椒、大蒜以及其他食用蔬菜也大量种植，山东劳动力如此充裕和廉价，可无限制地扩大种植这些蔬菜。

植树造林

目前，每一根谷草都收集起来、每一棵灌木都砍下来作燃料，政府应植造山林。现在只有在村庄周围能见到树，这些树都被小心地保留着，很少砍伐，事实上山东全省都缺乏烧材和建房子用的木材。应在政府管理下有组织地植造山林，青岛周围的小山上都种植了松树和其他树木，可以作为各地仿效的范例。已经开发的林场树木长势喜人，景色十分优美。林场也是兔子等小动物藏身和嬉戏的场所，这些小动物繁殖非常快。

山东各地的山岭没有理由不能都同样披上绿装，那样的话，不仅可以改良各地风景，甚至可以改变气候，以致在很大程度上防治洪灾和干旱这样的国家祸害。

采矿与制造业

应大力鼓励采矿和兴办制造业。目前，煤在德国公司控制下大量开采。本地的采矿业也运行良好，有些甚至使用机器抽水，使矿井免受水患。这一事业还仅仅刚刚开始，可以并正在大规模拓展。煤矿附近发现有铁矿石和石灰岩，可以不费事地兴建冶铁炉炼铁赚取利润。

山东已经开采金银矿产，可以继续开采。铜、锡、铅以及其他矿产，可以在新条件下予以开采。

现在需要解除企业、资本以及技术等方面来自地方官员的和政府的诸多麻烦和税收，以利采矿业和制造业的开办和兴旺发达，给广大民众带来和平与繁荣。

妇女与姑娘们

妇女占人口的一大半，"我们的女孩们做什么"这个问题在远东和西方具有所有较高级文明优势的国家一样，都是个严重问题。

在这个世俗的世界，女孩在家庭里不受欢迎。她们至少在受教育方面就不如男孩子的比例高。残忍的裹脚习俗，使女孩子数年时间跛脚、一生受罪。尽管满洲政府反对这一习俗并确实禁止过，但事实上全体汉民族都消极抵制，致禁令毫无作用。的确，基督教社区大多废止了这一习俗，但毕竟在总人口中只是一小部分，与整个女孩的问题没有多大关系。不过，立德（Archibald Little）夫人[2]以及其他英勇的同路人发起的雄伟的改革运动，已经激起了人们对废止缠足问题的极大兴趣和热情，我们相信这一宣传鼓动工作将继续进行，直至废除缠足习俗。

---

2 1895年在上海发起创设"天足会"（Nature Feet Society），担任会长，以旅游演讲的方式，劝说妇女放足，前后长达八年（1899-1906）之久，足迹遍布南中国。在社会上产生了极大反响，并取得了显著成效。另外，立德夫人还是个多产的作家，有多部叙说清末中国社会各方面问题的著作，有些已经翻译出版，像：《亲密接触中国》、《穿蓝色长袍的国度》、《我的北京花园》等。

女子学校

现在开办女子学校越来越普遍了，特别是在中国的大城市和山东以及其他各省天主教和基督教所在的城市。然而，这方面尚有无限扩展的余地。女子教育与男子教育一体对待时，中国就会被看作是一个文明国家！

可以雇佣女孩做其他工作，而不仅仅是做家务活。许多妇女和女孩做刺绣和花边，如果给予很好的指导并开发新的市场，可以有更多的妇女和女孩子参与这些工作，市场也会愈益扩大。

或许可以引进乳牛业，牛奶和黄油不仅可作为食品，而且可以灌装储藏，甚至可以出口。

养蚕

妇女长期以来即从事养蚕业，这一行业有广阔前景。山东丝绸现在已名声在外，如果政府有组织地给予适当指导，引进新蚕种，统一出售或发放，可以开辟出一个巨大的赚钱领域。

棉纺业

也可以像上海和其他地方那样，雇佣妇女和女孩从事纺织业。各地都可以建棉纺厂或其他纺织品工厂，如果加以恰当的指导和管理，大量金钱可能就不再流向其他国家，从而开辟富源，为自己的民众谋福利。

草编业

草编适合心灵手巧的妇女，草编产品过去一直是而且现在还是山东贸易的一大特色项目。不幸的是，在草编品交易中，很多人一直试图进行欺诈，夹带劣质产品，造成了近些年来草编贸易严重衰落。政府应采取明智的措施，派遣检查员巡视，不仅要杜绝各地的欺骗行为，而且应提供方便条件鼓励这一行业进一步发展。

破除迷信

听说山东和其他省份的高等院校正在进行大规模的破除迷信培训工作，美国和英国一些热心人士提供无偿服务。我们为此感到高兴，并希望这一庞大计划尽快完成。

中国政府已经并正在以一种十足浪费奢侈的方式为教育投入成百上千万

银子，成效甚微。政府开办的所有中学和大学，用中国人的话说都是"有名无实"，几乎没有例外。

事实上，在大多数地方，花任何价钱都找不到教授"新学"的合适教师，"新学"是现在政府规定的学校必修课程。不错，大批中国人已经奔赴日本、欧洲和美国去学习西方文、理科学，但这些人有政府更重要的岗位在等待着他们，各省广大乡村和城市小学和中学所需教师，将长期难以得到满足。同时，或许不知不觉中广大民众都在等待启蒙和指导。

省咨议局

已经尝试性地召集了一次省咨议局会议。1909 年 10 月 14 日，中国农历九月初一，根据上谕在专门为省咨议局建造的一座建筑里召开了第一次咨议局会议。前山东巡抚孙宝琦[3]阁下充满强烈殷切期望的演说，建议议员们为了百姓的利益采取必要的措施，果断而富有生气的予以实施，不要担心有批评意见。

这样一来，我们看到在山东和其他省份开始有了代议制机构，并感受到了这些机构在培养人民自治方面所产生的影响。

中高等工艺学校

可在各重要中心地区设立中高等工艺学校，由熟悉西方各行业工艺的有能力的教师对人们进行培训。有大量旧式学者，这些学者无论在政府眼里还是在百姓心目中，现在都毫无希望地丧失了信任。不过，他们只是适应 1,000 年或更早以前生活条件的劳苦大众中极少的一部分，就目前的需要和机遇而言，他们已经完全不适合了。省政府要把广大民众的活力引导到正确轨道，以保障为他们和他们的子孙后代谋求永久性利益。

欧洲各国和美国在工艺和制造业方面处在前所未有的显著地位，世界市场上的竞争从未有现在这样激烈。因此，无论在何种意义上说，如果中国政府要使广大中国民众处在与西方各国同等地位上的话，在所有重要城市和中心地进行技术培训是必要的。这将为生产企业开辟广阔的发展前景，在适当的保障条件下，西方的财富最明智的用途，就是开办和经营适应当地人民的需要和习惯的工业企业，制造各国都感觉舒适风光的物质产品了。

---

3 这里"前山东巡抚"的称呼，应与本书 1912 年正式出版发行有关。

财政问题

财政问题是当前所有改革最紧迫急切需要关注和调整的问题之一。山东也像其他省份一样，经受着目前货币混乱带来的困苦。

笔者在中国已经很多年了，但从未经历过银两与先令的兑换价格是如此之底，而在山东内地银两兑换普通铜钱的价格又是如此之高的情形。同时，人民购买一般食品的价格，几乎与饥荒时期一样高。这必定给全体人民造成严重压力，总体损失巨大。

中国政府正在关注以金本位制定统一标准货币[4]，我们希望尽快看到统一货币计划的实施。不过，统一货币的影响——全国范围的焦虑和痛苦，必定急剧恶化，维护和平局面将十分困难，极担心发生暴动和叛乱。

一种新宗教

最后，现在进行的所有改革的至关重要的问题是一种新宗教问题。只有把假神都驱逐出去，一个国家才有可能永久昌盛。一个国家只有尊崇真神才能提升自己，如果轻视或忽略尊崇真神，即使外表物质再繁荣，无论如何也不会使一个政府或国家有力量和安全稳定。然而，这一改变必须通过个人逐渐接受基督教来实现。任何把基督教会置于国家控制之下的企图，都将不利于中国的和平和繁荣。基督教福音必定依靠其自身内在的力量和温和的劝导"赢得其日益宽广的道路"。基督教各差会正在为改变中国人的生存状态过程中促使中国崛起所做的一切，就是基督教的影响，在我们救主耶稣基督充盈救赎和净化大能的福音为整个民族接受之前，中国将不可能拥有她应有的地位和力量，和平与繁荣是内部净化的外部表征，内部净化则是接受真正宗教所有质朴能量的信号。

4　事实上清政府于 1910 年制定了银本位统一标准货币——银元。只不过，由于货币长期过于混乱，以及此前和此后各地铸币厂铸造的银元质量差距很大，并没有立即通行全国。银两、银元、铜元、铜钱以及各种外国货币，依然在各地流通，币制仍十分混乱。

附录一　关于辛亥革命及其对山东的影响

　　开启中华民国事业的辛亥革命始于 1911 年 10 月 11 日湖北省会武昌。长江支流汉江将武昌与它对面的两个姊妹城市汉阳和汉口隔离开来，这三座位置三角形的城市，共同共同构成了中国交通最方便和最重要的中心城市。辛亥革命的前一天，武昌城里一条狭窄的胡同里爆了一枚炸弹，第一次提醒有暴动阴谋，当局要消灭这个新成立的共和组织。湖北当局匆忙采取措施，逮捕并处决了阴谋叛乱者，但这一切都太迟了，起义行动立即对准了湖广满洲总督瑞澄，他为了活命，弃总督衙门逃走了。

　　随后，革命者渡江抢占了汉阳武器库，迅疾夺取了汉阳和汉口，宣布成立了一个改良政府，号召全体人民保持和平安定，同外国人搞好关系。同外国人保持良好关系的指令，在整个革命过程中，以令人瞩目的方式贯彻施行了。

　　当然，北京的满洲中央政府对上述情事极为恐惧，在必要的压力下被迫召回袁世凯阁下，请他主持大局。袁世凯曾经因为在 1898 年的维新变法中支持慈禧太后一伙，不执行光绪皇帝的命令，而被摄政王溥伦[1]剥夺了官职。袁世凯当时的做法引发了当时中国表面上的统治者对他的仇恨，留下了谕旨给弟弟说一有机会就要把他赶出官场。尽管如此，当可怕的危机发生后，摄政王还是不得不把他这个唯一有能力控制局势的人给召回来。这里不是要探讨这些事件的细节以及随后整个中国发生的事情，这不是我们的目的。

1　译者按：误，清末摄政王是光绪皇帝载湉的同父异母弟弟、末代皇帝溥仪的亲生父亲载沣，而非溥伦。

中华民国的建立 在袁世凯阁下娴熟技巧经营之下，开辟出了通向中华民国之门的道路，并且所有方面都明智地同意袁世凯出任中华民国首任总统。

当然，中国所有省份都在这些重大事变推动下发生了变化，山东同样也感觉到了这一重大运动的进步和极沉重的压力。那时还是山东巡抚的孙宝琦阁下，证明是山东最能干最精明的统治者，在革命者的迫使下，他在巡抚任上宣布山东脱离清政府独立，被推举为独立的山东总统。他必须忍受咨议局的羞辱，该局把持省库，将清政府的税收转而用来满足自己的需要。然而，这一疯狂的行动很快沉静下来，孙巡抚在这沉静的间歇与北京当局议和，受到了轻微责备，允许他继续担任山东巡抚，条件是将来要做得更好，毫无疑问，这位巡抚是精明的，他无法领导革命者，但却被无可奈何地推上了一个虚假的位置，暂时在暴风雨来临之际依违两可。

不过，正像中国人所说的，他感觉他在这些事情的处理上"丢脸"了，明智地决定辞去山东巡抚职位，赢得了中外人士的好感。

驻守南京的清朝守将张勋[2]，1911 年 12 月 1 日被革命军击败后，帅残部在津浦路江苏南部安顿下来，在沿长江逃跑之后，来到了山东边界。在这里，他成功地断绝了与所有方面的关系，直到民国在北京更加稳固以后，才得以解散了它的军队，褫夺了他军队将军的头衔。与此用时，革命军在聚集力量，一支武装精良的分遣队从上海出发，经海路抵达烟台。

烟台一度成为山东革命运动指挥部 烟台集结的革命军最终达 1,500 人，他们在这里集结是打算向北京进军，确实有相当一部分兵力朝北京方向进发了，在黄县与清军发生了激烈的战斗，黄县县城数度易手。最后，因为新共和国宣告成立，双方才停止战斗，但远至莱州，士兵的枪击和抢劫事件仍时有发生。

1912 年 2 月 29 日，北京大部分地区连续数日发生焚掠事件，随后，天津和保定府也发生了暴行。

青州府暴乱 青州府城里也发生了暴乱。一位那时居住在青州城里的外国人描述说：

> 1912 年 3 月 23 日凌晨三点钟，东面的兵营数百名士兵从城东门进了城。城东门有北城的满洲旗兵负责把守，但很明显进城的士兵某种程度上是得到了守城旗兵的同意才进了城，因为守城旗兵似

---

2 时被清廷任命为江苏巡抚兼署两江总督。

乎没有阻止这些进城的士兵进城。进城的这些劫匪开始抢劫银行、焚烧店铺，大部分重要银行店铺被洗掠一空和毁坏。这一切行动非常迅速、有条不紊、非常高效。四处都是炸药爆炸声和枪弹的呼啸声，但没有一名士兵伤亡。抢劫者们带着他们抢劫的钱物穿过城市，从南门扬长而去，躲进了山里。早晨六点，一切都结束了，城里进行了清理。有几处放火的地方，但成功地阻止了火势的蔓延，十来处着火的地方都扑灭了。外国人和外国财产没有受到伤害，事实上，他们在晚上和随后的时间里，都被谨慎地保护起来。守城满洲旗兵继续不动声色地守城，就像什么事也没发生一样，城里也没在发生什么麻烦。后来捕获了十来名抢劫的士兵，连同一些判定犯有纵容罪的居民，都被立即处决了。

由于省城当局立即采取了谨慎防范措施，济南城和其他一些重要城市都未发生严重骚乱，尽管抢劫和暴力事件在全省很多地方一直都很普遍。

YUAN SHIH K'AI
President of the Chinese Republic

中华民国总统袁世凯

SUN WEN
President of the Provisional Government
of the Chinese Republic

中华民国临时大总统孙文

LI YUAN HUNG
Vice-President of the Chinese Republic

中华民国临时副总统黎元洪

附录二 首任中华民国总统在北京 正式就职

就职典礼印象记

摘自《时代周刊》(Times Weekly)

北京，1912 年 3 月 10 日

今天下午，袁世凯在壮观的国民聚会前宣誓就任中国民国临时总统。他宣读一份文稿上的誓词，然后将这份文稿依照商定好的程序，交给南京来的高级代表，转送南京。就职仪式在外务部大礼堂举行，高级喇嘛、蒙古亲王、高级文武官员出席了就职典礼，乐队演奏了新国歌。就职仪式庄严肃穆，是个值得纪念的历史时刻。

即将组成以唐绍仪为总理大臣的内阁，而后将通告各外国使团，请求正式承认中华民国。

目前，唐绍仪正在与过去的四国银行团的银行家们进行金融谈判，日本和俄国公使同意向财政部垫款 1,100,000 两上海规元，以后来的短期英磅国债做担保，第二笔借款以盐税做担保，随后所有这些借款均由全部重组贷款所取代。

局势改善 局势有所好转。北京已经恢复了秩序，商业正在复原。长江流域和内地不断传来更有利报告。

北京，3 月 10 日

下面是袁世凯今天的就职誓词：

民国建设造端，百凡待治，世凯深愿竭其能力，发扬共和之精神，涤荡专制之瑕秽，谨守宪法，依国民之愿望，达国家于安全强固之域，俾五大民族同臻乐利。凡兹志愿，率履弗渝。俟召集国会，选定第一期大总统，世凯即行解职。谨掬诚悃，誓告同胞。——宣誓者

附录三　陕西救援远征　革命的冒险

摘自《时代周刊》

北京，1912年2月2日

1911年10月底，陕西省城西安府未经战斗落入革命党人手中的消息传到北京。然而，突然有谣传说那里进了一次对满洲人的大屠杀，混乱中有些欧洲人被杀了。所有内地通信立即停止了，甚至和平时期臭名昭著的盗匪，也都成了强大的贼寇，开始在整个农村地区抢掠。

担心未来几个月那里的欧洲人命运难以确定，华北九名年轻人自行组建了"陕西救援队"，全副武装离开内地，前往陕西拯救和护送尚存的外国人到沿海地区。他们穿过娘子关革命军防线，到了山西省会太原聚齐，匆忙准备了一下就出发了。这支远征救援队的成员有：苏柯仁（A. de C. Sowerby）、新常富（E. T. Nystrom）、祈仰德（J. C. Keyte）、郎德华（E. R. Long）、易文思（P. D. Evans）、费尔本（H. Fairburn）、巴尔穆（W. M. Palmer）、丹佛-琼斯（J. H. Denver-Jones）、沃灵顿（F. Warrington）等先生，最后一位，年仅17岁。除了常新富、巴尔穆两位先生，前者是瑞典人，后者是美国人，其他几位都是英国人。

苏柯仁先生先前曾到这次要去的地方探过险，所以被选为队长。十头骡子驮装备，大伙全都骑马，还有一伙赶骡子的人和仆人，共同组成了这一支远征救援队。从太原出发向西走了八天。这八天的路程，包括艰难爬行在石壁上辟出的7,000英尺狭窄山路。因为有两天时间，要牵着牲口一步一步地在冰雪覆盖的狭窄山路上挪动，惊险一个接着一个，没有一点宽敞的路可走。第六天，通过结了冰的黄河，速度很快，安全通过了。远征救援队到了陕西境内。

在陕西境内，这伙人走过的农村，生动地展示了盗匪劫掠的可怕景象。难以计数的村庄被洗劫一空，见不到人影，在大雪覆盖的塔尖上，可以见到一些悲惨的人们建起的土造堡垒，他们期望利用这样的堡垒来抵抗强盗。

绥德州之围

数小时之后，他们在第六天抵达绥德州，遇到了一些逃亡者，从他们那里了解到绥德城处在十分危险的境地，他们立即匆忙前去查证那里英国传教士们的命运。靠近绥德城之后，他们发现刚刚解除了围困，先前有大批哥老会围困攻击，他们在城墙外面建造石塔，从石塔上向城里射击，射击之后，他们一次次地试图登上城垛。城里的居民们用长矛勇敢地抵抗，甚至向下泼冷水，最后终于逼迫他们撤退。随后，南城门突然打开，城里的勇士们冲了出来，杀死了许多强盗，捕获了约30人，全部处决，强盗首领的头颅砍下来挂在了城门上。

强盗们现在已经撤退到了城西和城南的山里去了，他们在那里等待援军，当一伙外国人出现的时候，城里的居民急急忙忙拿起他们的农具做武器，在城墙隔一段碓放一堆石头，架起了古老的火药炮。夜里，可以很清晰地见到强盗们营地里的火光，随时都可能再次攻城。

混乱中找到了英国浸礼会的所有成员：武德逊（Watson）先生和武德逊夫人及他们仅一个月大的两个孩子、科墨福德（Comerford）先生，护送他们出城。绥德城的主要官员，盗匪出钱悬赏要他的脑袋，他曾试图从城墙上跳下去自杀，现在他请求外国人允许和他们在一起。因为经过的道路到处都是土匪，他们勉强同意了。然而，要出发的时候，城里的重要人物拦住了他，不让他走。当然不必说了，救援队没有注意到城里人的眼神，人们在祈求他们能留下来，和他们一起保卫这座城市。

远征队这时增加了约二十头牲畜，驼载着传教士的轿舆，他们尽可能地拉近距离，穿越盗匪们的村庄。他们前行没有受到什么严重的阻拦。

残暴行为随处可见。沿途每走一段就能看到悬挂着柳条编的框子里装着人头，每天都能听到传来暴力行为消息。

他们一行人在平安夜到了北潼关（Peitungkuan），大雪阻住了去路。不过，晚上他们过得很愉快。晚餐一只大鸨代替了火鸡。他们中有两人甚至骑马跑三十多英里路弄到了一棵圣诞树。两天以后，渡过了泾河（King Ho）和渭河（Wei

Ho）两道宽宽的河道，救援队进入了西安府城，受到英国和瑞典差会极其热烈的欢迎。

西安府是中国最大的城市之一，四周城墙庄严程度匹敌北京，城中有大量英国和瑞典传教士、日本避难者、法国外方传道会的一些神父以及大清邮政局的一些外国人。这里的革命发生在 10 月 22 日，有一星期时间任意杀戮。满洲人聚集在城中四分之一的地方，全部灭绝。约 20,000 名满洲男人、女人和孩子被无情地屠杀了。革命的第一天，一伙革命军攻击了一所为北欧的孩子们办的教会学校，杀死了一名女教师、一名瑞典男助手和六名瑞典小孩子。其他外国人一直处在危险之中，有几个人包括邮政局长受了伤，但没丢掉性命。

城里的大部分外国人都赞成跟根远征救援队离开，但英国浸礼会负责人邵涤源（Shorrock）怎么劝说也不愿离开，他要坚守岗位，他要和他的妻子及 11 岁的女儿玛丽留下来。养（Young）医生和养夫人（她也是一名医生）以及罗德存（Robertson）医生也拒绝离开。养医生一家是因为他们家的婴儿不适合长途奔波，而且英国医院里住满了伤员，需要他们照料。天主教传教士们也拒绝放弃他们的工作。就在这关键时刻，袁世凯派出的一位信使，乔装打扮成苦力进城了，带来了北京几位尚书的信函，敦促外国人离开。于是，这伙人匆忙启程了，现在共计 150 人，抱括一些中国人，有 93 头牲畜驼载行李物品。

战斗与战斗标志

五天以后，他们抵达黄河岸边一座重要的城镇潼关，这里是三省交界处。清军三次攻下了潼关，又三次失去了潼关。他们见到的景象证明过去几周时间这里发生过可怕事情，乡村都被毁了，尸体尚未掩埋，每天都能遇到一队一队的伤员，这表明曾经发生的战斗是多么激烈。过了潼关三天后，他们来到了双方交战的战场，不得不在妙高（Miaokau）一家小旅店的院子里搭帐篷住下来，此刻外面村子里清军正在与革命军激战。不一会儿，革命军潮水般地溃败，两名远征救援队成员打着英国国旗随即与清军指挥官取得了联系，商定清军在第二天中午以前不要发起攻击。就在清军发起攻击前一刻，远征救援队和他们护送的这些人长长的队伍通过了清军防线。革命军包括一些劫匪，不被视为交战方，只被看作是一些叛乱者，都被立即处决了。

他们现在经过的道路是前一天的战场，景象令人恐怖。战斗刚刚过去几个小时，很多尸体都还丢弃在路上，田野中的尸体都剥光了衣服，肢体残缺不全，中午到了一个村庄停下来休息，那些被主人遗弃了的狗在抢夺尸体。妇女们展现的勇气和自控力令人极度赞赏。

在远征救援队护送营救的外国人抵达河南府的前两天，有两名队员骑马前行电告北京公使馆消息，经英国驻华公使朱尔典（John Jordan）先生安排，他们找到了一列运送包括人员和牲畜在内整个救援队去北京的火车，两天以后火车抵达北京。陕西远征救援任务圆满完成。

黄县的劫掠和战斗

C. N. 哈特维尔（C. N. Hartwell）1

1912 年 2 月 8 日，清军开始围困黄县城，2 月 11 日，星期天，革命军在极为严峻的形势下，由于缺乏弹药，不得不撤离了。所以，当清军大部队抵达时，毫不费力地大摇大摆进城了。这支清军共计 1,500 人。

在怀麟医院（Warren Memorial Hospital）的主持下成立了红十字会，所有伤员，无论平民或军人都在医院得到了治疗。

清军毫无理由的杀戮极为恐怖。从星期天占领这座城市到星期四为止，所到之处肆意抢劫和破坏，损失总计约 3,000,000 两。

2 月 15 日，星期四，四千名革命军开过来，清军向西撤退了，把这个烂摊子丢给了革命军。

无论清军还是革命军，对外国人和外国财产均予以保护。生命损失各种不同估计在 350-500 人之间。

---

1 译者按：不知道这个人确切的中文名字，从姓氏推断，应为美国南浸信会资深牧师海雅西的后人。

附录四　海雅西 (Jesse Boardman Hartwell) 博士去世

1912 年 1 月 3 日上午，海雅西的灵魂从中国烟台他的黏土廉租公寓中解脱出来，飞升去天国的家了。

就像有时发生的情形一样，围在他床边看护他的人仿佛也能看到。天堂的大门是敞开的，他之前"不多会儿"去世的亲人们来到大门口欢迎他领受他的奖赏。他向上方凝视，脸上明亮起来，一波又一波的人来欢迎他，而后好像是一群人，先是是中国人、他自己在主里的孩子们用他们的语言和中国礼节向他打招呼，随后，他的直系亲属、一般亲属和朋友们都来了。

他去世与他活着一样，在主里充满难以言说的喜乐，神允许他称之为儿女的与他建立亲密关系。他自己的一次经历，很好地展示了这种亲密关系。1897 年 4 月，他到广州他女儿家，以便恢复他严重的病体，他的身体逐渐有所好转，有一天早晨，在他跪着起来以后，听到有个声音对他说，"看，我增加你的年岁，再给你十五年！"他以前肯定没有祈祷要多在世上活这么长时间。这多给的十五年时间，肯定不是他的请求，只可能是神暗示他要用十五年的时间去完成他尚未完成的事工。在过去的十五年间，他曾被疾病两次带到死亡的门槛，然而，所有给他看病的医生都平静地说："不，不会就这么去了，你们不知道，主与海雅西之间有个小小的默契。"在这多出的十五年时间了，正如大家所见到的一样，海雅西博士在神学院做了无与伦比的事工。

作为牧师、先驱、教会建设者、福音教师、神的儿子，他回家了。

他身后留下三个孩子从事宣教事工，（海）爱璧（Anna B.）、（海）查理

（Charles N.）、邬福安（A. F. Ufford）夫人。他的第四个孩子毕惕（Andrew Beattie）夫人，在中国呆了二十年，现暂时居住在加利福尼亚，第五个孩子（海）展志（Janie G.）现正在为赴宣教地做准备。另外两个儿子不是宣教士：（海）杰志（Jesse G.）在加利福尼亚，（海）威利（John H.）在澳大利亚。

海雅西博士的葬礼 1 月 5 日在烟台举行，他的一生的朋友郭显德博士领祷，郭维弼（W. B. Glass）牧师读经文，蒲其维（C. W. Pruitt）博士和艾体维（T. W. Ayers）、史蒂芬（Peyton Stephens）牧师和钮敦（W. C. Newton）牧师分别讲话，满怀敬意地回顾海雅西博士作为一名传教士、宣教者、教师和朋友的事迹。遗体暂时安葬在烟台公墓，以后要迁移至登州府城外的望合墓地（Mt. Hope），位于峭壁之上，俯瞰大海，那里还有其他深爱的人在等待耶稣复活的黎明。

海爱璧（Anna B. Hartwell）